Tilmann Kleinjung / Wolfgang Küpper (Hg.)

Hebt man den Blick, sieht man keine Grenzen

Tilmann Kleinjung
Wolfgang Küpper (Hg.)

Hebt man den Blick, sieht man keine Grenzen

Geschichte und Geschichten zur Ökumene

KREUZ

www.kreuz-verlag.de

Umschlaggestaltung: Bergmoser + Höller GmbH, Aachen
Umschlagmotiv: © pitopia

Satz: de·te·pe, Aalen
Herstellung: CPI – Clausen & Bosse, Leck

Gedruckt auf umweltfreundlichem, chlorfrei gebleichtem Papier
Printed in Germany

ISBN 978-3-7831-3441-4

Inhalt

Vorwort

In diesem Buch geht es um ökumenische Geschichte und Geschichten. Die Geschichte zeigt, wie schwierig, mühsam und sensibel die ökumenische Annäherung war und immer noch ist. Die Geschichten berichten oft von einer ganz unkomplizierten christlichen Gemeinschaft vor Ort: in den Kirchengemeinden, in den Familien. Wir versuchen, beide Seiten zusammenzubringen: die gelebte und die gelehrte Ökumene.

Vor 100 Jahren setzte sich die Ökumenische Bewegung ganz langsam in Gang. Mit einer großen Konferenz im schottischen Edinburgh. Ein Blick in diese jüngste Vergangenheit zeigt, wie viel bis heute erreicht wurde an ökumenischen Fortschritten. 1910 war Ökumene noch eine Sache der evangelischen Kirchen Europas und Nordamerikas. Heute sind ökumenische Begegnungen und Versammlungen so vielfältig wie die Christenheit.

Wir haben bei allen Fortschritten auch festgestellt, wie hartnäckig sich konfessionelle Vorurteile in den Köpfen der Menschen halten: »Protestanten sind puristisch, Katholiken barock.« Wir gehen diesen und anderen Klischees auf den Grund. Die gegenreformatorische Geschichte Münchens, der Stadt des Ökumenischen Kirchentags 2010, lässt sich bis heute besichtigen. Das Zentrum der Stadt ist der Muttergottes geweiht: der Marienplatz mit seiner Mariensäule. Wir blicken aber auch nach Wittenberg, wo das Erbe des Reformators Martin Luther bewahrt wird. Hier kann man Reformationsgeschichte hautnah erleben. Sie gerät vor dem großen Reformationsjubiläum im Jahr 2017 wieder mehr in den Blick. »Ökumene der Profile« heißt das etwas schönfärberisch. Manche sprechen ungeschminkt auch von einer »Eiszeit der Ökumene«.

Aber es gibt auch andere: Menschen mit ökumenischen Visionen, die spielend, tanzend, essend Grenzen überwinden und so die tiefste Ökumene-Erfahrung überhaupt machen: Hebt man den Blick, sieht man keine Grenzen.

Dieses Buch erscheint gleichzeitig zu einer Sendereihe im Bayerischen Rundfunk, in der wir im Vorfeld des Ökumenischen Kirchentags von den spannendsten Seiten der Ökumene berichten. Die Autoren sind katholische und evangelische Theologinnen und Theologen. Sie alle sind Hörfunkjournalisten in der Redaktion Religion und Kirche des Bayerischen Rundfunks.

Gott mit dir, du Land der Bayern!

Auf der Suche nach den Neugläubigen und den echten Christen

Von Matthias Morgenroth

Das Erstaunliche am katholischen Bayern ist: Es ist wirklich so! So wie man denkt, dass es gar nicht sein kann – so voller Engel, Bierkrüge, Wallfahrten. Mit dem heiligen Berg Andechs, von dem nicht ganz klar ist, ob darauf mehr gesoffen oder mehr gebetet wird, und ob es überhaupt eine Rolle spielt, weil beides zum religiösen Leben irgendwie dazugehört. Mit dem Megawallfahrtsort Altötting, mit dem selbstverständlichen öffentlichen kirchlichen Leben landauf, landab.

Das Erstaunliche an den Protestanten, die sich im Bayernland erst zögernd, dann mit den Flüchtlingsströmen nach dem Zweiten Weltkrieg ziemlich deutlich angesiedelt haben, ist, dass auch sie so sind, wie *die* Katholiken sie sich vorgestellt hatten: so bibeltreu, ernsthaft und nüchtern. So wenig an Traditionen orientiert, dass sie alles, auch die Gottesdienstformen bis zur Unkenntlichkeit stets neu erfinden. Die sich sogar selbst immer wieder neu erfinden, und das heißt im Schatten der katholischen Zwiebeltürme natürlich auch oft, dass die bayerischen Protestanten viel weniger bibeltreu, ernsthaft und nüchtern sind und dass sie viel katholischer sind, als sie selbst von sich denken.

Wie sieht ein Katholik aus? Wie ein Protestant? Wie beeinflussen die mitunter ziemlich groben Bilder der Vergangenheit das, was man voneinander heute hält? Wie beeinflusst die Geschichte, die Architektur, die gewachsene Struktur das Miteinander? In Oberbayern ist es meistens folgendermaßen: Die katholische Kirche ist mitten im Dorf, wird von einem auffälligen Zwiebelturm gekrönt, besitzt einen Friedhof und steht gegenüber vom Wirtshaus. Die Protestanten suchen ihre Kirche oder ihr Gemeindezentrum dagegen am Rand des Orts – und sie erkennen ihr Gotteshaus stets an der betonlastigen, sagen wir es freundlicher, an der nüchternen Bauweise. Irgendwie wirkt das nicht ganz ausgewogen.

Wer in Oberbayern, manche sagen Altbayern, wohnt, färbt sich katholisch ein, egal ob er als Moslem aus der Türkei kommt oder als zugezogener Protestant aus Hamburg. Obwohl Letzteres spätestens seit dem Zweiten Weltkrieg wirklich nichts Ungewöhnliches mehr ist. Trotzdem: Für einen Durchschnittsprotestanten aus Nichtbayern ist schon die gesungene Liturgie in den evangelischen Gottesdiensten der bayerischen Landeskirche nichts anderes als schlecht verborgener Katholizismus. Schweigen wir von Osterfeuern, Christmetten, Pilgerreisen und anderen Dingen, die die Lutheraner im Freistaat den Katholiken wieder abgeschaut haben. Da muss man als evangelischer Landesbischof sogar den Papst irgendwann irgendwie gut finden.

München – bei den Mönchen

Schon der Stadtplan von München verrät viel über die Welt, in der sich die evangelischen und katholischen Gemeinden in der bayerischen Landeshauptstadt miteinander bewegen. Denn, wer als Protestant ins Münchnerische kommt, der ist und bleibt zuallererst »zugereist«. Zugereist in eine andere, eben eine durch und durch katholische Welt.

Allein der Name! München, »Munichen« – »bei den Mönchen«. Die Münchner Mönche, im Stadtwappen zu finden und in den Emblemen vieler Münchner Brauereien auch, natürlich sind die katholisch. Sie haben als Erste oberhalb der Isar gesiedelt, lange vor der Reformation. Sie haben auch die gesamte mittelalterliche Stadt mit riesigen Klöstern und Kirchen – fast ist man versucht zu sagen – zugepflastert. So sehr, dass für die Neugläubigen, die Protestanten, schlicht und einfach kein Raum blieb, als die Münchner sie auf königlichen Druck hin Anfang des 19. Jahrhunderts wohl oder übel in ihre Stadt lassen mussten. Eine evangelische Kirche in Münchens Innenstadt? Fehlanzeige!

Natürlich ist München katholisch, was denn bitteschön sonst? Und Katholischsein, das ist selbst in der großen Stadt dieses eigenartige Gebräu aus Marienverehrung, Bier brauenden Mönchen, bauchfreien Putten und barocken Bäuchen, diese Mischung aus Zwiebeltürmen, Wallfahrten, Blasmusik, Rosenkränzen, Heimatverbundenheit und Königstreue. Und seit einigen Jahren natürlich auch wieder eine mit großem Stolz verbundene Papsttreue. Irgendwie wundert es ja europaweit, vielleicht weltweit niemanden, dass das Oberhaupt der katholischen Kirche aus einem Land wie Bayern kommt, in dem Glauben und Tradition bis heute fest im Alltag verwurzelt ist.

Von München wird gesagt, es sei die italienischste Stadt nördlich der Alpen. Damit ist natürlich zunächst nicht an Glaube, Frömmigkeit und kirchliche Tradition gedacht. Aber München ist nicht nur die italienischste, sondern auch die »römischste« Stadt nördlich der Alpen. Wer hat schon eine »Peterskirche« als älteste Pfarrkirche im Zentrum der Stadt? Kurfürst Maximilian, genannt der Große, hat zu Zeiten des Dreißigjährigen

Krieges einen geradezu missionarischen Plan mit aller Macht verfolgt: Seine Hauptstadt München als ein Rom des Nordens auszubauen, als eine Bastion der Gegenreformation. Als die Doppelspitze der Peterskirche durch einen Blitzschlag abbrannte, da ließ er die neue Spitze mit einem Obelisken krönen. Und das nur deswegen, weil in Rom auf dem Petersplatz kurz zuvor auch der berühmte Obelisk aufgestellt worden war. Bis heute wird die Petrusfigur im Münchner »Alten Peter«, wie die Peterskirche im Volksmund heißt, mit einer Tiara gekrönt, wenn in Rom ein neuer Papst ins Amt eingeführt wird. Und damit ist man in München päpstlicher als der Papst, denn in Rom selbst ist diese Krönung längst abgeschafft!

»Welche Millionenstadt hat außerdem noch als ihren ausgewiesenen Mittelpunkt einen geweihten Ort?«, fragt Stefan Jakob Wimmer. Im Zentrum Münchens liegt der Marienplatz und im Zentrum des Marienplatzes steht die Mariensäule auf geweihtem Boden und ist ein sakrales Mahnmal. Herr Wimmer ist eigentlich Ägyptologe und als Archäologe oft im Heiligen Land unterwegs. Aber in München beschäftigt er sich auch mit den Heiligtümern seiner Landsleute (zu denen er selbstverständlich Muslime, Juden und Nichtgläubige genauso zählt) und bietet Führungen an, die Einblicke in die katholischen Tiefen der bayerischen Landeshauptstadt geben – Abgründe möchte man ja nicht sagen. »Die Mariensäule ist flankiert von den Darstellungen der vier Grundübel der damaligen Zeit«, erzählt er und deutet auf die kleinen, fast niedlichen Engel, die mit ziemlich scharfen Lanzen gegen vier schuppige Untiere ankämpfen: gegen den Hunger, den Krieg, die Pest und – wen wundert's – gegen die Ungläubigen, die Protestanten, die Ketzer.

Die Zeit des Dreißigjährigen Kriegs war eine Wendezeit für den Katholizismus in Bayern und natürlich auch München: Damals wurde München – eben unter besagtem Maximilian dem Großen – auf Rom und auf den Papst eingeschworen. Keine Selbstverständlichkeit für die Stadt, immerhin hatte man dreihundert Jahre davor mit Ludwig dem Bayern noch einen exkommunizierten Papstgegner als deutschen König und war viele Jahrzehnte nicht besonders gut auf Rom zu sprechen.

»Fundamentalistisch« und »extremistisch« würde man die Politik des damaligen Kurfürsten Maximilian heute nennen, sagt Herr Wimmer, während er zur Mariensäule hochblickt. Der Kurfürst habe per Gesetz erlassen, dass über jedem echt bayerischen Hauseingang eine Mariendarstellung angebracht sein müsse, was bis heute nachwirke. Er habe den Bürgern vorgeschrieben, einen Rosenkranz mit sich zu führen, wenn sie das Haus verlassen, andernfalls drohe Kerkerhaft. Er hat nicht nur Maria als *Patrona Bavariae* ausrufen lassen (es musste natürlich die Muttergottes selbst sein, denn darunter macht man es in Bayern nicht ...), sondern auch seinen Sohn Ferdinand »Maria« genannt und damit eine bis heute lebendige Tradition begonnen – Männer, die Maria heißen!

54 Jahre hat Maximilian Bayern erzkatholisch gemacht, so lange hat er regiert. »Fürchterlich lang«, sagt Stefan Jakob Wimmer. Geblieben ist davon vor allem die Marienverehrung. Geblieben ist auch die Selbstverständlichkeit, mit der man in Altbayern öffentlich kirchlich ist, christkatholisch, von der Parteienlandschaft bis zum Tourismusbüro. Und so ist es nicht verwunderlich, dass sich der evangelische Mensch eben immer ein wenig »zugereist« vorkommt, egal in wievielter Generation er in München lebt und egal, dass bekennende Ka-

tholiken in München nur noch knapp 40 Prozent der Bevölkerung ausmachen.

Heimspiel Oberammergau

Das katholische Bayern ist, wie erwähnt, so, wie das Klischee es zeichnet: so fromm, so gewachsen unermüdlich öffentlich christkatholisch – und dabei liebenswert. Wo bitteschön gibt es ein Passionsspiel, zu dem alle zehn Jahre Hunderttausende aus aller Welt anreisen? Natürlich in Bayern, in Oberammergau, wo, wenn nicht gerade Passionsspielzeit ist, Krippen und Kreuze für die ganze Welt hergestellt werden. Da mag 2010 in München ein einziges Mal Ökumenischer Kirchentag sein – das mutet beinah wie eine regionale Randveranstaltung an, gegenüber dem Oberammergauer Passionsspiel 2010, zu dem wie stets Amerikaner, Spanier, Polen, Engländer und ach man weiß nicht was für Gläubige aus aller Welt anreisen!

»Ich hab erst in Indien, wo ich einmal im Jahr bin, gemerkt, wie katholisch ich bin«, sagt der Oberammergauer Spielleiter Christian Stückl. »Daheim ist man es einfach. In der ländlichen Region, wo ich aufgewachsen bin, gehört das Katholischsein dazu – egal ob der Pfarrer einem gefällt oder nicht.« Christian Stückl trägt die Haare wirr und lang und natürlich auch einen Bart. Das muss sein, kurz vor dem Passionsspiel 2010. Auch er beugt sich dem Haar- und Barterlass, den ein Jahr vor Spielbeginn alle Oberammergauer Männer über sich ergehen lassen, als wäre es im Zeitalter von Internet und Glaubensglobalisierung eine Selbstverständlichkeit.

Zu Christian Stückl fällt einem natürlich nicht nur das Katholischsein ein. Er ist ein getriebener Theatermacher, umtriebiger Intendant des Münchner Volkstheaters und Oberammergauer Theater-Revoluzzer mit einem Gesicht, als wär's in einer jener Schnitzerwerkstätten im Ammertal modelliert worden. Und er ist eben zum dritten Mal Spielleiter bei den Oberammergauer Passionsspielen. Einer, der den alten Passionsspiel-Text beständig weiter verändert und es schafft, einen nicht ganz einfachen Ort voller Theaterspielerfamilien bei Spiellaune zu halten.

»Das Katholischsein gehört einfach dazu«, sagt Christian Stückl, aber dann erzählt er nicht – wie man vielleicht erwarten könnte – vom Ministrieren, von Glaubenswahrheiten oder vom Papst. Sondern er sagt: Man sei auf dem Dorf eben im Trachtenverein und der gehört zur Kirche und die Kirche gehört zum Leben und wenn sie mal nicht passt, dann entwickelt man eben eine gewisse Wurstigkeit. Irgendwas sei schon dran, dass man über die Katholiken spaßeshalber spotten kann, sie hätten ja die Beichte: Einmal hingehen, dann sei alles wieder gut. Früher hatte Christian Stückl sogar einmal überlegt, selbst Pfarrer zu werden. Als Jugendlicher genoss er nämlich Narrenfreiheit im Gemeindesaal – zur Aufführung von Krippenspielen und anderen Theaterstücken. Dann hat er aber gemerkt, dass ihm das Theater wichtig war und nicht der kirchliche Raum, in dem er es auf die Bühne bringen durfte. Bis heute ist er jedoch sicherlich derjenige Theaterregisseur in Deutschland, der sich am meisten mit Kirche, Katholizismus, Bibel und mit der Botschaft Jesu beschäftigt. Kirche und Jesus, das sei schließlich nicht dasselbe. Er kenne katholische Pfarrer, die über Jesus vor lauter Dogma, Kirchenrecht und Tradition nicht viel sagen können, sagt Christian Stückl und lacht. Da seien die Protestanten anders. Die hätten eben nicht diese katholische Wurstigkeit, die bei den Katholiken auch gelegentlich gegenüber der Bibel existiere. Die Protestanten seien da – pardon – verbiesterter. »Obwohl das natürlich woanders, in Berlin oder Hamburg, wieder ganz anders sein kann«, fügt Christian Stückl sofort hinzu, der sich – das sei klargestellt – an der Buntheit der Kirche weltweit erfreuen kann und zu der gehöre Wurstigkeit genau wie Verbiestertheit.

» Ich bin mit dem ganzen Brimborium der katholischen Kirche aufgewachsen und das hat mich geprägt und in meiner Theaterarbeit beeinflusst. Bei den Evangelischen gibt es im Gottesdienst von allem zu wenig. Eine Zwanzigminutenpredigt – von der alles abhängen soll! Ich habe Glauben immer schon so empfunden, dass, wenn Musik läuft, die Glocken läuten, eine Mozart-Messe gespielt wird, dass dann bei mir etwas passiert – das kann man mit Worten gar nicht beschreiben. Das alles macht mit dir etwas, was ich nicht ausdrücken kann, und das gehört für mich zum Glauben dazu. Die Osternacht liebe ich nur wegen eines Akts: Wenn es ganz stockdunkel in der Kirche ist und plötzlich der Pfarrer *Lumen Christi* singt und dann das Licht ausgebreitet wird.«

Christian Stückl, Theaterintendant und Regisseur

Auch wenn er aus dem allerkatholischsten Tal Bayerns kommt: Spielleiter Christian Stückl hat schon von Kindesbeinen an gewusst, dass es die einen und die anderen Christen gibt. Seine Großmutter war nämlich so eine andere …: Großvater Stückl sollte 1950 beim Passionsspiel den Jesus spielen, aber da hat der damalige Ortspfarrer sofort Einspruch erhoben. Wo der doch mit einer Protestantin verheiratet war, bitteschön, wie soll so einer denn da einen katholischen Jesus spielen. Noch 1990, als Christian Stückl als junger Mann zum ersten Mal Spielleiter in Oberammergau wurde, gab es – wie soll man es jetzt nennen: Bedenken, Hetzpredigten, Warnungen vor dem Untergang des Abendlandes ... – weil nämlich ein Protestant mitspielen sollte. »Man hat sich schon abgegrenzt«, sagt Christian Stückl, »der Protestant, das war der Fremde.«

Das allerdings war einmal. Diese Art der Abgrenzung ist verschwunden und zwanzig Jahre später nicht einmal mehr eine Diskussion wert. Im Jahr 2000 war einer der Judas-Darsteller Protestant (die Rollenzuteilung war Zufall, wie man allerdings noch betonen muss). Im Jahr 2010 gibt es sogar evangelische Engel, einen evangelischen Petrus – und manche Mitspieler seien schon gleich gar nicht mehr in einer Kirche, und selbst das würde fast niemanden mehr jucken. Auch wenn die Ausgetretenen ein Spektakel mit auf die Bühne bringen, das für viele Besucher kein Theater, sondern ein Glaubensereignis ist.

Natürlich hat Christian Stückl viele Fragen an die katholische Kirche: Warum der Zölibat? Warum denn um Himmels willen keine Frauen in geistlichen Ämtern? Und warum diese absolutistische, zentralistische Hierarchie? Aber irgendwie gehört das anscheinend auch zum Katholischsein dazu: diese Anfragen zu haben, ohne deswegen auszutreten oder gar in eine papstlose Kirche zu konvertieren. Seine Erfahrungen mit evangelischen Gottesdiensten kann Christian Stückl auf jeden Fall in einfache Worte fassen: »Einfach fad.« Keine Musik, kein Weihrauch, kein Brimborium eben. »Bei den Protestanten hängt dann ja alles von der Predigt des Pfarrers ab. Und ich hab Glauben immer schon anders empfunden. Wenn eine Mozart-Messe läuft, dann macht das mit mir etwas. Und das kann man mit Worten gar nicht beschreiben.«

Evangelische Kirchen – Zweckbauten für die Gemeinde

Das klingt wie ein altes Vorurteil, auch wenn Christian Stückl damit niemanden abwerten will. Die Protestanten gelten als fad, langweilig also, nüchtern, spaßbefreit bis verbiestert, auf jeden Fall aber ernsthaft, bibeltreu und ziemlich kunst- und schmucklos. Das ist genauso wahr oder unwahr wie das Klischee, dass die Katholiken lieber feiern als beten, ihre Kirche nicht ganz so ernst nehmen, ihren Glauben auf den Papst bauen und ansonsten Prunk und Brimborium lieben. Da sind die evangelischen Christen, denen die katholische Amtskirche nicht einmal den Status einer gleichberechtigten Kirche einräumen will, einfach nüchterner. Und das schon auf den ersten Blick. Zum Beispiel die Dankeskirche im Münchner Norden, Milbertshofen, hinter den großen Werkhallen von BMW. Die Kirche heißt schon so evangelisch: »Dankeskirche«. Benannt nach einer Idee, nicht nach einem Heiligen. Im evangelischen Kontext gibt es keinen geweihten Altar mit Reliquie, keinen geweihten Raum und keinen Namenspatron. Eine Zeit lang hat man ja sogar theologisch einen Mehrzweckraum als Gottesdienstraum propagiert, schließlich würden ja Leben und Beten zusammengehören. Auch wenn man vom Kirchenmehrzweckraum wieder abgekommen ist, bleiben die evangelischen Kirchenbauten, die naturgemäß in Altbayern meist wesentlich jünger als hundert Jahre sind, so etwas wie Zweckbauten für die Gemeinde. Erst die Gemeinde, also die Christen, die Menschen, die zum Beten kommen, erfüllt sie mit Geist. Nicht ein Tabernakel, ein Knochen, eine Weihe oder ein Priester.

So ist es auch in der Münchner Dankeskirche. Die Entstehungsgeschichte der evangelischen Gemeinde am ehemaligen Münchner Stadtrand ist ebenso typisch für die Anfänge der Protestanten in Oberbayern. Als nach dem Ersten Weltkrieg viele Arbeiter aus dem Norden angeworben wurden, brachten viele davon natürlich den reformatorischen Glauben mit. Die junge Gemeinde traf sich zuerst ohne Gotteshaus, im Wohnzimmer einer Familie, dort, wo eben Platz war. Weil ein evangelischer Gottesdienst von der feiernden Gemeinde lebt und nicht vom Priester oder von der Institution Kirche. Als das Wohnzimmer zu klein wurde, da wurde 1929 zuerst einmal ein Betsaal gebaut. Das Haus existiert heute noch und dient als Gemeindezentrum, hinter der »neuen« Dankeskirche aus den 1960er-Jahren, einem roten Backsteinbau.

Die neue Dankeskirche sei bewusst als Arbeiterkirche für die neu zugezogenen Fabrikarbeiter konzipiert worden, erzählt Eduard Haußmann, ein langjähriges Gemeindemitglied. Für die Zugereisten zwischen den Kriegen, die natürlich zunächst vor allem evangelisch waren, lange bevor die Gastarbeiter aus anderen Ländern kamen. Da sei man auf den Gedanken gekommen, eine Arbeiterkirche auch als solche zu planen. Daher sehe die Dankeskirche aus wie eine Fabrikhalle. – Wie eine schöne, muss man hinzufügen. Damit die Arbeiter sich gleich zu Hause fühlen können.

»Heute lachen wir drüber«, sagt Eduard Haußmann, damals, in den 1960er-Jahren habe man so gedacht. Stimmt ja auch: Wo zwei oder drei in seinem Namen versammelt sind, da ist der Herr selbst unter ihnen. Und mit diesem Bibelwort im Kopf muss natürlich eine evangelische Kirche im leeren Zustand auch gar nicht besonders aussehen. Die Gemeinde ist das Entscheidende, der Rest darf karg sein. Und ist es auch. Wenn man sucht, dann findet man natürlich auch die Bestätigung, dass die Protestanten so sind, wie man es ihnen nachsagt. (Anmerkung eins: Manche bayerischen Protestanten freuen sich, dass immerhin einige ihrer Kirchen hierzulande nicht ganz so karg und bildlos sind wie diejenigen im hohen Norden unter calvinistischem Einfluss. Zusatz zwei: Der Fairness halber sei hinzugefügt, dass viele katholische Kirchen aus der Zeit der 1960er-Jahre, in der sehr eckig, sehr funktional und mit sehr viel Sichtbeton gebaut wurde, nicht viel anders aussehen als die Milbertshofener Dankeskirche.)

Die Dankeskirche ist eine typische Diasporakirche – auf Deutsch: eine Kirche für die konfessionelle Minderheit. Die nicht im Zentrum steht – es gibt ja schließlich auch große evangelische Stadtkirchen in Bayern, vor allem natürlich in den ehemals freien und daher oft protestantischen Reichsstädten wie Nürnberg. Aber so klein, so »wohnzimmermäßig« unterwegs zu sein, habe durchaus auch seinen Reiz, meint Pfarrer Christian Weigl, denn in der Diaspora rücke man enger zusammen. »Man muss ganz anders zusammenhalten. Man muss was Neues erfinden, alles neu entwickeln. Aber das liegt an der Diaspora-Situation, das ist nicht typisch evangelisch. Im evangelischen Franken, wo die Katholiken die Zugezogenen sind, ist es genau andersherum, da müssen die Katholiken einfallsreicher sein.«

Christian Weigl ist gerne evangelisch. Und das hat auch mit der Offenheit zu tun, neue Dinge entwickeln zu können und nicht zu viel übernehmen zu müssen. Osterfeuer, ja oder nein? Mal eine Pilgerfahrt, ja oder nein? Mal was von den Katholiken abschauen, ja oder nein? Das sei gar nicht so schlecht, wenn man nicht einfach automatisch an Traditionen anknüpft, bloß weil es sie gibt oder bloß, weil der Vatikan es vorschreibe, sagt er. Man muss sich selbst Gedanken machen, um Gottesdienste, Glauben, Aktualität. Das sei dann das Protestantische. Der kritische Geist, sozusagen. Selbstverantwortung zu tragen für Glauben und Tun.

Was auch noch typisch für die evangelischen Gemeinden in München ist: Man hat gleich einen ganzen Diakoniekomplex darangebaut, eine Altenpflegestation mit mittlerweile 35 Hauptamtlichen, acht Autos und 30 Dienstfahrrädern, daneben gleich der Kindergarten, das Pfarrhaus, das Gemeindezentrum. Die Diakoniestation betreut natürlich alle Milbertshofener, die Pflege zu Hause brauchen, egal ob evangelisch, katholisch, anders- oder nichtgläubig. Der Dienststellenleiter Gerd Meisl sagt von sich stolz, und er sagt es in tiefstem Bayerisch, er sei schon in jedem Haus in einem Kilometer Umkreis gewesen. Also, keine Spur davon, dass man sich nur zu Gast fühle, im katholischen Bayernland. Von Anfang an hat man sich rings um München selbstbewusst zusammengetan, zu Gemeinden zusammengefunden, kulturelle und karitative Infrastrukturen im sogenannten Speckgürtel Münchens aufgebaut, dort, wo in den 1960er- und 1970er-Jahren die Gemeinden vor lauter neuen Leuten explodierten. Und dort hört man überall, die Ökumene, die laufe doch wunderbar »bei uns an der Basis«.

Protestant im bayerischen Oberland

Die Zeiten sind vorbei, als die Evangelischen bestenfalls nicht ernst genommen, meistens sogar nicht einmal wahrgenommen wurden. Nicht nur in Oberammergau, im Ensemble der Passionsspieler. Gudrun Steineck wohnt ein paar Kilometer weiter, in Murnau, einen Bergeszug von Oberammergau entfernt. Sie ist der Liebe wegen ins katholische Oberland gezogen, zu Zeiten, in denen gemischtkonfessionelle Ehen (andere sagen konfessionsverbindende Ehen) noch keine Selbstverständlichkeit waren. Wenn sie sich heute an die Zeit erinnert, dann fällt ihr vor allem eines ein: »Ich bin überhaupt nicht wahrgenommen worden.« Sie selbst hat mit Staunen gelernt, dass alles, was öffentlich veranstaltet wird, kirchlich geweiht werden kann. Dass überall der Pfarrer dabei ist. Dass man Gebäude segnen kann. Dass Katholischsein in Bayern heißt, öffentlich katholisch zu sein. Heute schätzt sie genau das an diesem Landstrich. »Da, wo ich lebe«, sagt sie, »da lebe ich sehr gern, weil es eine fromme Gegend ist.« Und sie versteht »fromm« nicht als frömmlerisch, sondern als ehrlich religiös. »Die Menschen glauben da noch. Und das ist in anderen Gegenden Deutschlands ganz anders. Da muss ich erklären, warum ich in die Kirche gehen will. Und das brauchte ich hier nie zu erklären – und das finde ich sehr schön.«

» Da, wo ich lebe, lebe ich sehr gern, weil es eine fromme Gegend ist. Die Menschen glauben da noch. Und das ist in anderen Gegenden Deutschlands ganz anders. Da muss ich erklären, warum ich in die Kirche gehen will. Und das brauchte ich hier nie zu erklären – und das finde ich sehr schön.«

Gudrun Steineck, Murnau

Gudrun Steineck ist eine derjenigen, die sich seit vielen Jahren deutschlandweit in der Ökumene stark machen. Sie ist Mitarbeiterin in der ACK, der »Arbeitsgemeinschaft Christlicher Kirchen«, gehört also zu den vielen, die sich für ein wirkliches Miteinander der unterschiedlichen christlichen Konfessionen auf Augenhöhe einsetzen. Ihre Erfahrungen als junge Evangelische in Bayern spielen dabei natürlich eine Rolle. »Ich war zwanzig, als ich geheiratet habe, und da habe ich in einem katholischen Gemeindebrief gelesen, Mischehen seien des Teufels.« Das sagt heute zwar keiner mehr, aber da der Vatikan die anderen Kirchen nicht als gleichberechtigt anerkennt, geht die Bruchlinie gerade durch die »teuflischen« Mischehen bis heute. Das kann ein gehöriger Antrieb sein fürs Engagement in der Ökumene. Gudrun Steineck sagt von sich: »Der Wunsch meiner Arbeit ist der, dass sich keiner mehr ausgegrenzt fühlen muss. Mein Wunsch wäre, dass es die Konfessionen weiterhin gibt, aber dass der Respekt voreinander so groß ist, dass nicht gewertet wird, ob jemand evangelisch, katholisch, orthodox, altorientalisch oder freikirchlich ist. Sondern dass man sagen kann: Jede Tradition bringt einen unglaublichen Schatz mit. Den wollen wir miteinander hegen und pflegen.« Dann könne man – und das sei doch wirklich wichtig – gemeinsam etwas dafür tun, dass »wir ein christliches Abendland bleiben«. Und, das sei hinzugefügt, obwohl sie im katholischen Oberland als Protestantin geschnitten wurde, obwohl sie mittlerweile auch viele katholische Glaubensformen lieb gewonnen hat, Gudrun Steineck ist evangelisch geblieben. Die Klischees seien ja nur die eine Seite der Medaille. Was sie mag, ist die Vorstellung, den direkten Draht zu Gott zu haben, ohne Priester, ohne Heilige als Vermittler dazwischen. Außerdem von wegen, die Protestanten seien nur fad und nüchtern – allein die große Tradition der Kirchenlieder! Johann Sebastian Bach, Paul Gerhardt, Jochen Klepper. Die Selbstverständlichkeit, mit Liedern Glauben zu leben, nicht nur in der Kirche, sondern auch zu Hause in den Familien, die habe ja erst Martin Luther gebracht. Und da hat sie natürlich auch wieder recht. Dass die Protestanten auf den ersten Blick vor allem als diejenigen gesehen werden, die, wie ihr Name sagt, protestieren, sich abgrenzen, sich sogar mitunter auch selber dadurch definieren, was sie alles *nicht* haben, das verstellt oft genug den Blick dafür, *was* sie alles haben. Dass die Intensität von Gottesdiensten, Andachten oder anderen Möglichkeiten, Glauben zu erfahren, nicht am Weihrauch und an der Buntheit der Kirche hängt.

Heiligenverehrung in der Fußgängerzone

Noch ist man fromm hier, noch steht keiner unter Erklärungsnot, wenn man nicht nur aus touristischem Interesse in eine Kirche geht – das stimmt, und wenn wir den Rundgang durch München mit Stefan Jakob Wimmer fortsetzen, dann kommen wir nicht nur zur Michaelskirche, dem Prunksaal der bayerischen Gegenreformatoren. Wir kommen ein paar Schritte weiter in die Bürgersaalkirche. Dort in der Unterkirche ruhen die Gebeine von Pater Rupert Mayer, und das ist schon ein ganz besonderer Ort. Draußen, in der Einkaufsmeile, der Straße, die sich passenderweise »Kaufinger Straße« nennt, bevor sie in die »Neuhauser Straße« übergeht, dreht sich alles ums Geld; hier drinnen dreht es sich ums Leben und um die Andacht.

Ein reges Kommen und Gehen herrscht, obwohl heute ein ganz normaler Dienstagnachmittag ist. »Es ist für viele ein Aha-Erlebnis«, sagt Herr Wimmer in gedämpftem Ton. Er ist bei den Glasvitrinen voller kleiner Reliquien von Pater Rupert Mayer stehen geblieben. »Eine Tür zu einer völlig anderen Welt, der intime Pol des katholischen Münchens.« Hier finden keine großen Veranstaltungen statt; hier wird nicht zelebriert, sondern gebetet. Und der Adressat ist seit dem Zweiten

Weltkrieg Pater Rupert Mayer, dessen Gebeine hier ruhen. Den kennen alle in München, was man von den mittelalterlichen Heiligen nicht sagen kann, zum Beispiel vom Münchner Stadtpatron Sankt Benno, der schon in der Reformationszeit extra aus der Reichweite der ketzerischen und heiligenfeindlichen Neugläubigen gebracht worden ist.

Pater Rupert Mayer war einer der mutigsten Widerständler im Dritten Reich, deswegen dürfen die Münchner stolz auf ihn sein. Man hat ihn Apostel Münchens genannt. Herr Wimmer erzählt: »Ich kann mich gut erinnern, dass meine Oma, Gott hab sie selig, immer, wenn sie irgendein Problem hatte, zum Grab des Pater Rupert Mayer gegangen ist und es ihm erzählt hat. Das hat dann ihrer Ansicht nach auch so gut wie immer geholfen – und wenn nicht, dann hatte er wohl gerade so viel zu tun gehabt, dass er nicht dazugekommen ist.«

Egal ob man jetzt diese Dinge mitvollzieht oder nicht, fährt Herr Wimmer fort, egal ob man etwas mit den kleinen modernen Reliquien, dem Stück Stoff hinter den Glaskästen im flirrenden Licht, dem Zylinder Pater Rupert Mayers, diesem Gebetsort und der blank gewetzten Brust an der Bronzestatue des Heiligen anfangen kann, solche Dinge gehörten einfach zur bayerischen Identität. Gäbe es die Bürgersaalkirche mit der lebendigen Heiligenverehrung nicht, dann würde auch denjenigen etwas fehlen, die in die Bürgersaalkirche nie hineingehen, meint er. »Es macht Bayern zu etwas Besonderem.« Diese ungebrochene Heiligenverehrung. Ist ja auch kein Einzelfall. Man denke nur an Altötting und den dort verehrten Kapuzinerbruder Konrad von Parzham.

Da können sich die Bayern natürlich gleich wieder als etwas Besonderes fühlen, quasi gegen den Rest der Welt: die Frommen und die Nichtfrommen! Das ist heute viel eher der Gegensatz als der zwischen Protestanten und Katholiken, da stimmen sie alle überein, Christian Stückl, Gudrun Steineck, Stefan Jakob Wimmer und auch der (evangelische) Historiker Rudolf von Thadden. Der spricht davon, dass die »Säkularisierten« oftmals keinen Unterschied mehr erkennen können zwischen *christlicher* Ökumene, dem Dialog, den die christlichen Kirchen oft mühsam genug in den letzten Jahrzehnten zu führen gelernt haben, und zwischen *interreligiöser* Ökumene, dem Gespräch zwischen den Religionen. »Man macht nicht mehr den Unterschied zwischen christlicher und außerchristlicher Religiosität.« So sei die Außenwahrnehmung, sagt er, die Wahrnehmung der Nichtfachleute, der Leute eben. Nicht mehr Protestanten und Katholiken machen sich merkwürdige Bilder voneinander, sondern eher die Religiösen und die Nichtreligiösen. Und zu den Religiösen zählen die Nichtreligiösen natürlich nicht nur unterschiedslos Christen aus den verschiedenen Konfessionen, sondern auch Juden, Muslime, Buddhisten und an Esoterischem Interessierte.

Niemand kann seine konfessionelle Herkunft verleugnen

Der viel geehrte Historiker Rudolf von Thadden, geboren 1932, hat sich vor allem um die Aussöhnung zwischen Frankreich und Deutschland verdient gemacht. Mit seiner Familie wurde er aus Pommern vertrieben. Er ist der Sohn des Kirchentagsgründers Reinhold von Thadden und konnte deshalb schon von Kindesbeinen an den Protestantismus vor allem als Bewegung von unten, als Laienbewegung erleben, die auch viel bewegt hat. Er kann einiges dazu sagen, wie wichtig die Evangelischen Kirchentage für die politischen Begegnungen im frisch geteilten Deutschland waren oder welche Rolle gerade die vielen christlich Engagierten im Umfeld der evangelischen Kirchentage für die Friedensbewegung und die Umwelt-Bewegung gespielt haben. Er ist einer, der schon lange fordert: Auch die evangelischen Christen müssen europäischer denken. Die übrige Welt, in der wir sonst leben, denke ja längst global.

»Aber«, so sagt er, »natürlich dauert alles seine Zeit. So war es ja auch nach der konfessionellen Durchmischung in der Nachkriegszeit, bedingt durch die Vertreibungen und Flüchtlingsströme. Mindestens eine Generation hat es damals gedauert, bis evangelische und katholische Menschen sich überhaupt einigermaßen normal im Alltag begegnet sind.«

Und jetzt? Drei Generationen später komme zu den evangelischen und katholischen Menschen noch eine dritte Gruppe dazu, sagt Rudolf von Thadden, eben die Säkularisierten. Und er trifft noch eine weitere feine Unterscheidung: »Es gibt säkularisierte Protestanten und säkularisierte Katholiken. Ich mache da einen Unterschied«, sagt er. »Ich behaupte, dass säkularisierte Menschen immer noch Spuren ihrer konfessionellen Herkunft haben.« Das sei freilich nicht so leicht zu beschreiben. Er probiert es folgendermaßen: Protestanten hätten eine stärkere Neigung, von der Gemeinde her zu denken, säkularisierte Protestanten denken immer noch stärker von der Basis her. Bei Katholiken und eben auch bei säkularisierten Katholiken sei dagegen eine stärkere Autoritätsbindung zu spüren. Die Geistesgeschichte wirkt also auf feine Weise nach. Die Milieus sind noch da, wenn auch die Konfession für viele keine Rolle mehr spielt.

Nach einer solchen Diagnose ist die Zeit der Zerrbilder vorbei, die die Protestanten und Katholiken von sich gezeichnet haben. Die Zeiten, in denen die Katholiken am Karfreitag Wäsche rausgehängt haben, um den evangelischen Nachbarn ihren höchsten Feiertag zu veralltäglichen. Und in denen umgekehrt die evangelischen Bauern in Franken pünktlich zur Fronleichnamsprozession den Mist auf die Felder gefahren haben, um sich stinkend in Erinnerung zu rufen. »Aber deswegen verschwindet ja nicht die Tatsache, dass Menschen stets mit Zerrbildern leben.« Die spannende Frage sei doch, so fährt Rudolf von Thadden fort, welche Zerrbilder an die Stelle der alten Zerrbilder von *den* Protestanten und *den* Katholiken getreten seien. Macht man sich in der säkularisierten Welt in einem, ja sagen wir noch einmal dieses furchtbare Wort, »gemischtkonfessionellen« Alltag vor allem Zerrbilder von anderen Völkern? Anderen Ländern? Anderen Religionen?

Wer Rudolf von Thadden so bedächtig reden hört, wie er die große Geschichte und den Blick fürs Ganze mit in die Diskussion nimmt, der könnte in Versuchung kommen, über das Kleinklein der innerchristlichen Auseinandersetzung, über den Streit in Abendmahlsfragen, im Kirchenverständnis, bei der apostolischen Sukzession einfach nur den Kopf zu schütteln. Tun ja auch viele – sogar in Bayern! Worüber da zwischen den Kirchen an höchster Stelle geredet wird, zeugt von ganz anderen Prioritäten, als sie die normalen Menschen setzen. Unter solcher Perspektive kommen andere Themen in den Blick – natürlich die Themen wie Frieden, Gerechtigkeit und Bewahrung der Schöpfung. Aber auch andere grundsatztheologische Fragen. Etwa diese: Wie gehen die Christen mit den anderen Religionen um? Beharrt man auf einem Standpunkt, den man Absolutheit des Christentums nennt und der annimmt, Gott habe nur den Christen die wahre, volle und echtgültige Offenbarung zugeteilt? Oder: Erkennt man gemeinsam mit anderen Religionen die moderne Welt, die Welt nach der Aufklärung an, die trotzdem noch Platz für Religion hat, aber diese Religion durchaus der Kontrolle der Vernunft anheimstellt?

> »Das Verhältnis von Kirche und Welt ist im Protestantismus seit Luther viel positiver, weil für uns evangelische Christen die Kirche und die christliche Gemeinschaft immer im Dienst der Welt steht – und nicht umgekehrt. Also: Der liebe Gott hat die Welt nicht geschaffen, damit die Kirche ein schönes Forum hat. Sondern in der Bibel werden Christen aufgerufen, die Welt und die Schöpfung menschlicher zu machen. Das ist nicht dasselbe.«
>
> *Rudolf von Thadden, Professor em. für Mittlere und Neuere Geschichte an der Universität Göttingen*

Was für Rudolf von Thadden zwischen Katholiken und Evangelischen dringend geklärt werden müsste, betrifft nicht die innertheologischen Uneinigkeiten, es betrifft die Frage nach der Welt. »Es gibt ja viele Katholiken, die sehen die säkularisierte Welt nur als entkirchlichte, ja sogar entchristlichte Welt. Das Verhältnis von Kirche und Welt ist im Protestantismus seit Luther viel positiver, weil für uns evangelische Christen die Kirche und die christliche Gemeinschaft immer im Dienst der Welt steht – und nicht umgekehrt. Also: Der liebe Gott hat die Welt nicht geschaffen, damit die Kirche ein schönes Forum hat. Sondern in der Bibel werden Christen aufgerufen, die Welt und die Schöpfung menschlicher zu machen. Das ist nicht dasselbe.« Und mit Blickrichtung auf den interreligiösen Dialog sagt er, eine irgendwie abwehrende Haltung gegen eine säkularisierte, aufgeklärte, also nach Maßgabe der Vernunft agierende Welt sei nicht produktiv. »Es gibt für die Zukunft kein Christentum ohne Aufklärung, und vielleicht ist das der Punkt, an dem wir vor allem mit den Muslimen diskutieren müssen, die sich in dieser Hinsicht schwerer tun. Wenn ich es philosophisch ausdrücken darf: Das Verhältnis von Glaube und Vernunft ist genauso wichtig wie das Verhältnis der einzelnen Glaubensformen zueinander.« Typisch Protestant, kann man da noch hinzufügen. Ein Verfechter der Aufklärung. Das Verhältnis von Vernunft und Glaube zu klären, das hat sich zwar auch Josef Ratzinger, der heutige Papst Benedikt XVI., auf die Fahnen seiner Theologie geschrieben – aber er versteht schon den Begriff der Vernunft ganz anders als der protestantische Geschichtsprofessor Rudolf von Thadden. Auch hier zeigt sich, dass sich noch diejenigen, die sich als säkularisiert verstehen, in evangelisch-säkular und katholisch-säkular unterteilen lassen, weil sie andere Denktraditionen mit sich herumschleppen. Kein Wunder also, wenn die religiösen Fachleute der unterschiedlichen Konfessionen aus ihrer eigenen Tradition her unter demselben Wort doch sehr verschiedene Vorstellungen im Hinterkopf haben. Was ist gemeint, wenn von Vernunft gesprochen wird, von Glaube, Rechtfertigung, Kirche, Welt oder gar Jesus?

Ökumenische Nachbarschaft

Beeinflusst es das Denken, wenn man nebeneinander lebt? Wenn man – als Kirchengemeinden – Nachbarschaft zelebriert und als Nachbarn Gottesdienst feiert, zwar selten miteinander, aber doch immer in dem Bewusstsein, dass nebenan auch gefeiert wird, Tür an Tür?

Nachbarschaft. Mit diesem Konzept von Ökumene gehen die evangelische Regionalbischöfin von Oberbayern Susanne Breit-Kessler und der Abt des Münchner Benediktinerklosters Sankt Bonifaz Johannes Eckert ins Rennen. Die beiden sind Nachbarn. Es ist eine historische Zufälligkeit, mit der man Theologie treiben kann. Das evangelische Landeskirchenamt liegt direkt neben dem Klostergelände Sankt Bonifaz, unweit der großen Museen und ganz nah zum Hauptbahnhof. Abt Johannes Eckert von Sankt Bonifaz und Regionalbischöfin Susanne Breit-Kessler repräsentieren im Grunde fast die gesamte Bandbreite kirchlichen Lebens in und um München. Denn Abt Johannes, oft im Habit unterwegs, steht einer kleinen Schar von Mönchen vor und hat ein großes Erbe zu verwalten. Er versucht, es mit ziemlich viel Leben zu füllen. Zur Abtei Sankt Bonifaz gehören eine Obdachlosenstation und spezielle spirituelle Angebote für Stadtmenschen. Zur Abtei gehört außerdem auch das deutschlandweit bekannte Kloster Andechs auf diesem schönen Berg oberhalb des Ammersees, der der heilige Berg genannt wird, bekannt für Bier, Schweinshaxen und ökologische Landwirtschaft genauso wie für Wallfahrten und Andachten. Und auf evangelischer Seite die Regionalbischöfin Susanne Breit-Kessler: Eine Frau in Amt und Würden, geschieden, wiederverheiratet, mediengewandt, zuständig für ziemlich unterschiedliche evangelische Gemeinden in München und Oberbayern, die vor allem verbindet, alle jünger als hundert Jahre zu sein. Eine Protestantin *par excellence,* mitten im Leben, mit Partner, scharfzüngig, streitbar, was Bibel und Theologie betrifft.

Nachbarschaft, das sei doch mal ein Stichwort, unter dem Ökumene funktionieren kann, sagen beide und haben sogar ein Buch dazu herausgebracht. »Nachbarschaft ist ein hervorragender Begriff, um Ökumene zu leben«, meint Johannes Eckert, während er in seinem Büro im Kloster vor seinem großen Aquarium sitzt. Die Regionalbischöfin Breit-Kessler ist auch herübergekommen, das Landeskirchenamt liegt ja gleich ums Eck. Sie stimmt sofort zu: »Der Begriff der Nachbarschaft bringt ins Bewusstsein: Es besteht keine Wahlmöglichkeit, Ökumene zu machen oder auch nicht. Es ist eine Pflicht. Wir sind Nachbarn – daher gibt es auch eine Pflicht, miteinander auszukommen. Selbst wenn man sich nicht mögen würde, müsste man dennoch miteinander leben. Also: Nachbarschaft bedeutet Verpflichtung.« Zur Nachbarschaft gehöre die Gastfreundschaft, sagt Abt Johannes Eckert. Und dann können die beiden ganz freimütig und offen darüber reden, was sie an ihren jeweiligen Kirchen schätzen, was sie ärgert und was sie auch am Gegenüber ärgert.

Abt Johannes sagt zum Beispiel, dass ihn manchmal an den evangelischen Kollegen ärgert, welch lasches Amtsverständnis sie haben. Dass sie einfach in den Ruhestand gehen und fertig. Und Susanne Breit-Kessler kann dazu schon auch nicken. Beide sehen manche Eigenheiten ihrer eigenen Kirchen auch ziemlich kritisch – »dieses Grüblerische«, meint die Regionalbischöfin, das sei doch typisch protestantisch. Positiv gewendet sei das aber eine Stärke der evangelischen Mitchristen, kann der Abt da ein wenig neidisch anfügen: die Liebe zur Bibel, diese Liebe zur Gelehrsamkeit, da könnte sich seine Kirche auch eine Scheibe davon abschneiden. Nicht selbstverständlich ist es, dass die beiden auch, ohne zusammenzuzucken, sich gegenseitig das sagen können, was sie an der jeweiligen Schwesterkirche nicht so toll finden. Diese furchtbare Hierarchie zum Beispiel, fällt da der Regionalbischöfin ein, und natürlich die Frauenfrage in der katholischen Kirche. Umgekehrt sagt der Abt, würde er den evangelischen Glaubensgeschwistern ein globales Denken ans Herz legen. Und die Gottesdienste seien doch extrem nüchtern – wie wäre es mit etwas mehr Sinn für das Heilige?

Vor dem Aquarium kann man über alles reden. Man muss nicht einer Meinung sein. Beide sagen ganz offen, dass sie als Nachbarn in München mit ihren spezifischen Funktionen auch ganz anders auftreten und viel unbefangener miteinander umgehen können, auch theologisch. Man lobt sich gegenseitig – auch für das Anderssein.

Nachbarschaft also. Nicht weniger, aber auch nicht mehr. Beinah ist man geneigt zu sagen: Das ist jetzt mal typisch ökumenisch. Man verhält sich höflich, halb befreundet, benachbart zueinander, schätzt sich und kann aushalten, dass der andere anders ist. Dass Christen allerdings vielleicht doch eher miteinander verwandt als lediglich nebeneinander beheimatet sind, das weiß man wohl; aber, was soll man machen? Dass die Gastfreundschaft, von der Abt Johannes gesprochen hat, ernsthaft gestört ist, weil die gegenseitige Einladung zum Abendmahl an der katholischen Kirche scheitert, dazu können diese Nachbarn, die sich sehr ernsthaft als Nachbarn verstehen, auch wenig sagen. So ist sie, die Ökumene, ein fader Beigeschmack bleibt. Auch das ist eben typisch für Ökumene.

In guten wie in schlechten Tagen

Hundert Jahre Ökumenische Bewegung

Von Tilmann Kleinjung

Edinburgh 1910: »Nicht zu viel Druck!«

Edinburgh zeigt sich an diesem Vormittag von seiner schönsten Seite. Kein Regen, milde Temperaturen, etwas Wind. Edinburgh ist die Geburtstadt der Ökumene. Hier trafen sich im Jahr 1910 mehr als tausend Mitglieder verschiedenster Kirchen zu einer internationalen und interkonfessionellen Missionskonferenz. Die Frauen und Männer damals wussten noch nicht, dass dies der Anfang einer großen Bewegung werden sollte, der Ökumenischen Bewegung. Im Spätsommer 2009 bereitet sich die Stadt auf das große Jubiläum vor. Und der freundliche Tag lädt förmlich dazu ein, Vergleiche zu ziehen. In der speziellen ökumenischen Bildsprache ist nämlich gerne vom Winter die Rede oder gar der Eiszeit. In Edinburgh ist von Winter keine Spur, die Sonne bescheint das mittelalterliche Stadtzentrum mit der Burg und den stattlichen Patrizierhäusern, Touristen bummeln durch die Straßen, die Tische vor den Straßencafés und Pubs sind gut besetzt. Und an der Ecke zum *New College*, dem Ort, an dem die Weltmissionskonferenz im Jahr 1910 stattfand, steht Richard MacDonald. Er trägt schottische Tracht, den Kilt, den Schottenrock, und erklärt Touristen, wie dieses seltsame Instrument funktioniert, das er da spielt. Wir würden Dudelsack sagen, in Schottland sind es die *Great Highland Bagpipes*: ein Windsack aus Leder, ein Rohr, in das man hineinbläst, eine Pfeife, auf der man traditionell nur neun Töne spielen kann. »Das Wichtigste«, sagt MacDonald, »sind diese drei Bordunpfeifen.« *Drones* heißen die auf Englisch und sorgen für das Fundament, für den charakteristischen Sound der schottischen Sackpfeifen. MacDonalds Versuch, sein Instrument Festlandeuropäern zu vermitteln, endet im Vergleich: »Die Drones sind wie ein Chor, der eine Harmonie singt, und auf dieser Harmonie spielt man dann mit den Fingern die Melodie. Das ist doch clever? Oder?« Und den wichtigsten Tipp gibt MacDonald zum Schluss: »Nicht zu viel Druck – *not too much pressure*!« Ein Dudelsack braucht nur wenig Luft und erzeugt doch einen gewaltigen Klang. Wer mag, kann das, was Richard MacDonald über das Spiel der Sackpfeife erzählt, als Gebrauchsanleitung für die Ökumene lesen: Nicht zu viel Druck! Und ein harmonisches und sicheres Fundament! Weise Ratschläge – egal, ob sie für das Spiel des Dudelsacks gelten oder für das christliche Miteinander.

Alt ist dieses Instrument; auf jeden Fall so alt, dass die Frauen und Männer, die im Juni 1910 nach Edinburgh gereist waren, es zu hören bekamen. Der Bürgermeister der Stadt gab einen Empfang zur ihren Ehren im *Royal Scottish Museum* und die *Bagpipers*-Kapelle der Edinburgher Polizei spielte auf. Es war ja etwas Besonderes, Außergewöhnliches, was da in ihrer Stadt passierte: eine Weltmissionskonferenz mit 1200 Delegierten. Aus aller Welt? »Na ja, fast«, sagt Brian Stanley, Professor für weltweites Christentum an der *University of Edinburgh*. »Die Delegierten kamen aus Nordamerika, Großbritannien, Europa und einige wenige Delegierte aus den neuen Kirchen in Afrika und Asien.« Ökumene war damals noch ein richtiges Fremdwort, mit dem allenfalls eingefleischte Altphilologen etwas anzufangen wussten. *Oikoumene* ist ursprünglich griechisch und bezeichnet die »ganze bewohnte Erde« oder den »Erdkreis«. Mit Christentum und Kirche hat Ökumene also ursprünglich gar nichts zu tun. Und damals, 1910, war auch noch gar nicht daran zu denken, alle christlichen Konfessionen in einer Konferenz zusammenzubringen. Katholische und orthodoxe Vertreter waren nicht anwesend. »Edinburgh«, sagt Stanley, »war eine Konferenz des europäischen, nordamerikanischen Mainstream-Protestantismus.« Das klingt heute unspektakulärer, als es damals war: Deutsche Lutheraner, englische Anglikaner, amerikanische Methodisten und schottische Reformierte an einen Tisch zu bringen, war eine ökumenische Pionierleistung.

Ökumene als fromme Studentenbewegung

Die Ökumenische Bewegung ist eigentlich eine Studentenbewegung, eine sehr fromme Studentenbewegung. »Es gab da eine Gruppe«, erzählt Professor Stanley, »die sich die Freiwillige Studenten-Bewegung nannte, wo junge Männer ein Gelübde ablegten, dass sie ihr Leben der Mission weihten. Und das war eine Bewegung, die alle Konfessionen umfasste.« Dazu kam dann noch der Christliche Verein Junger Männer (YMCA), der ebenfalls wenig von konfessionellen Grenzen hielt und dafür umso mehr von Mission. Das beginnende 20. Jahrhundert war der Höhepunkt des europäischen Imperialismus. Kolonialismus und Mission gingen damals Hand in Hand. Das ist der Schatten, der auf die Ursprünge der ökumenischen Bewegung fällt. Ein Staat, der eine Kolonie in Afrika oder Asien für sich beanspruchte, brachte das Christentum gleich mit. Und in Edinburgh ging es eben gar nicht so sehr darum, Kirchen zu verbinden, Konfessionen zu überwinden. Es ging nicht um Abendmahlsgemeinschaft und eine gegenseitige Anerkennung der Taufe, sondern einzig und allein um die Frage: »Wie können wir ernsthaft vom Christentum überzeugen, wenn wir getrennt sind?« Der Zweck, also die Mission heiligt in diesem Fall die Ökumene. Heute wird dieses Verständnis von Mission zu Recht kritisiert, sagt Brian Stanley. Denn man hatte zwar eine »sehr klare Vision von der Notwendigkeit, das Evangelium Christi in die Welt zu bringen. Aber es war natürlich sehr viel mehr die Haltung: Was muss der Westen dem Rest der Welt bringen? Und so war es eine Einbahnstraße von Westen nach Osten. Und das, obwohl es in Teilen Afrikas und Asiens sehr viel ältere christliche Kirchen gab als die im Westen«.

» Der ganze Reichtum der Herrlichkeit Christi kann nicht allein von Engländern, Amerikanern oder Europäern verwirklicht werden. Auch nicht von Japanern, Chinesen oder von uns Indern selbst. Sondern nur, wenn wir alle zusammenarbeiten, gemeinsam beten und lernen ... Wir bitten euch um eure Liebe. Schenkt uns Freundschaft!«

Vedanayakam Samuel Azariah, indischer Teilnehmer der Weltmissionskonferenz in Edinburgh 1910

Brian Stanley ist ein angelsächsischer Gelehrter wie aus dem Bilderbuch. Cordhose, Tweedsakko. So passt er bestens in diese viktorianische Aula Magna des *New College* in Edinburgh. In der sogenannten *Assemblyhall* fand damals die Weltmissionskonferenz statt – mit Kronleuchtern an der Decke und holzvertäfelten Wänden. Wie kein Zweiter kennt Stanley die Geschichte dieser Konferenz, er hat sie bis ins Kleinste rekonstruiert und weiß um ihre Stärken und Schwächen. Die Schwächen sind offensichtlich: zum Beispiel die unausgewogene Zusammensetzung der Versammlung. Nur eineinhalb Prozent der Delegierten kamen aus Asien oder Afrika. Um es zuzuspitzen: Es gab nur einen einzigen Vertreter aus dem schwarzen Afrika, aus Ghana, immerhin 19 aus Asien. Der Rest? Missionare! Auch Frauen waren in der Minderheit und die meisten von ihnen saßen nicht unten im Saal, sondern oben auf der Galerie. Aber, um nun von den Stärken dieser Konferenz zu sprechen: »Die Assemblyhall war eigentlich ein sehr geeigneter Raum, weil man einander sehen konnte. Nicht so wie sonst, dass man nur den Rücken voneinander sieht.« Noch heute bei dieser Saalbesichtigung mit Brian Stanley ahnt man den kommunikativen Charakter dieses Raumes: Drei Seiten sind auf eine gemeinsame Mitte hin bestuhlt. »Menschen unterschiedlicher Kulturen und Kirchen konnten sich in die Augen schauen. Und das war ein Teil des ökumenischen Reizes dieser Veranstaltung, dass die Menschen so miteinander in Kontakt kamen wie nie zuvor.«

Ein Prophet aus Indien: »Schenkt uns Freundschaft«

Die Sternstunde dieser Konferenz ist der Abend des 20. Juni 1910. Ein junger Mann tritt ans Rednerpult. Ein Inder mitten unter weißen Missionaren. Sein Name: Vedanayakam Samuel Azariah. Sein Thema: Das Verhältnis von einheimischen und ausländischen Missionaren. Azariah spricht von indischen Pfarrern, die so wie er noch nie von ihren europäischen Kollegen zum Essen eingeladen worden sind, und von englischen Missionaren, die gar nicht auf den Gedanken kommen, ihre indischen Kollegen zu Hause zu besuchen. »Ihr habt uns oft einen Thron im Himmel versprochen, aber noch nie bei euch im Wohnzimmer einen Stuhl angeboten.« Mutige Worte. Schließlich beschreibt dieser anglikanische Pfarrer aus Indien die Vision eines christlichen Miteinanders, die bis heute gültig und vor allem unerreicht ist:

»Der ganze Reichtum der Herrlichkeit Christi kann nicht allein von Engländern, Amerikanern oder Europäern verwirklicht werden. Auch nicht von Japanern, Chinesen oder von uns Indern selbst. Sondern nur, wenn wir alle zusammenarbeiten, gemeinsam beten und lernen. Wir sind gezwungen, voneinander lernen zu wollen und einander zu helfen. Für alle Zeiten wird sich die indische Kirche dankbar an den Mut und die Selbstverleugnung der Missionare erinnern. Ihr habt uns eure Gaben gegeben, um die Armen zu speisen. Ihr habt eure Leiber dahingegeben, um verbrannt zu werden. Wir bitten euch aber um eure Liebe. Schenkt uns Freundschaft!«

Ist dieser Montagabend in Edinburgh die eigentliche Geburtstunde der Ökumene? Ist es nicht genau das, worum es im christlichen Miteinander geht: vorurteilsfreie Liebe und Freundschaft zwischen Rassen, Völkern und Konfessionen? Als Azariah seine Rede beendet hat, erfüllt eine gespannte Stille den Saal, dann ein leises Grummeln, Unzufriedenheit. »Diese Rede traf die Versammlung wie eine Bombe«, schreibt eine Beobachterin. Die eine Hälfte der Versammlung soll begeistert gewesen sein, die andere Hälfte ziemlich verärgert. Dass ein indischer Missionar ehrliche Freundschaft einforderte, passte noch nicht in das Weltbild des Jahres 1910. »Aber es war sehr prophetisch«, sagt Brian Stanley. Die ökumenische Bewegung hatte mit Azariahs Vision ihr

Leitmotiv gefunden. Auch wenn sie es damals noch nicht ganz begriffen hat – die Idee war da und zog Kreise.

Noch ein Prophet: Bischof Bonomelli aus Italien

Noch in Edinburgh wurde beschlossen, dass sich künftig ein »Fortsetzungsausschuss« um die weitere Vertiefung der Beziehungen zwischen den Kirchen kümmern sollte. Ein internationaler Missionsrat wurde gegründet, aus dem später der Ökumenische Rat der Kirchen entstand. Relativ bald stießen auch die orthodoxen Kirchen zur protestantisch-ökumenischen Bewegung dazu. 1927 fand in der Schweiz, in Lausanne, die erste »Weltkonferenz über Glauben und Kirchenverfassung« statt, zu der sich über 400 Vertreter von 127 orthodoxen, anglikanischen, lutherischen, reformierten und Freikirchen versammelten. Und selbst die katholische Kirche war zumindest indirekt von Anfang an beteiligt – 1910 in Edinburgh noch mit einem Grußwort. Der katholische Bischof von Cremona in Italien, Geremia Bonomelli, schrieb eine Botschaft an die Konferenz in Edinburgh. Amerikanische Freunde hatten ihn darum gebeten, und der fast achtzigjährige Mann hatte sich die Aufgabe nicht leicht gemacht. Drei Seiten ist der Brief lang, den Monsignore Bonomelli nach Edinburgh geschickt hat. Er spricht von dem gemeinsamen Glauben an Christus den Erlöser, er spricht von der gemeinsamen Arbeit an einer heiligen Kirche und schließt mit einer Frage: »Ist all das nicht ausreichend für eine gemeinsame Basis, für eine weitere Diskussion über den Versuch, die Einheit aller Gläubigen in Christus zu fördern?« Bonomelli war wohl ein Außenseiter in seiner katholischen Kirche. Eines seiner Bücher landete sogar auf dem Index der Inquisition. Aber er war wie Azariah ein Prophet der Ökumene. Schon 1908 träumte er von einem großen Konzil über die Zukunft der Kirche. Und im selben Jahr bekam er für drei Tage Besuch in Cremona von einem jungen Priester, der diese Idee einmal in die Tat umsetzen wird, von Angelo Giuseppe Roncalli, dem späteren Papst Johannes XXIII. Dieser Papst hat das Zweite Vatikanische Konzil eröffnet, in dem sich die römisch-katholische Kirche auch für die Ökumene öffnete. Mit einem leichten Schmunzeln resümiert Professor Brian Stanley: »Es gibt also eine indirekte Linie von Edinburgh nach Rom.«

Iona – eine ökumenische Insel

Der ökumenische Sommer in Schottland. Etwa 270 Kilometer westlich von Edinburgh auf einer kleinen Insel kann man besichtigen, was aus dem zarten Pflänzchen geworden ist, das damals im Sommer 1910 gesetzt wurde. Iona heißt die Insel, und in der gedrungenen, alten Klosterkirche Ionas feiert Peter MacDonald einen Abendgottesdienst. Und nach ein paar einleitenden Worten über den Ablauf der Feier und die Musik kommt Peter MacDonald gleich zum Punkt: »Wir glauben, dass die Einladung zum Sakrament von Christus selbst ausgeht. Deshalb laden wir alle ein, diese Einladung anzunehmen.« Was zunächst unspektakulär klingt, wie eine fromme Formel, ist kirchenpolitisch ein Ding der Unmöglichkeit. Auf das Wort »alle« kommt es an. Dieser Abendgottesdienst ist ein ökumenischer Gottesdienst, die Gemeinschaft, die ihn feiert, ist eine ökumenische Gemeinschaft, die *Community of Iona*. Peter MacDonald ist ihr Leiter: »Der Tisch auf Iona ist offen. Und die, die Brot und Wein empfangen wollen, können unabhängig von ihrer Konfession kommen und es empfangen.« Auf Iona sind ökumenische Hoffnungen bereits Realität geworden. Evangelische, anglikanische und katholische Christinnen und Christen feiern hier gemeinsam die Eucharistie. Was andernorts für schwerwiegende Verstimmungen unter Kirchen sorgen würde, wirkt hier an der Peripherie Europas ganz unaufgeregt und normal. Die Feier ist so schlicht wie die Kirche, in der sie stattfindet: Eingängige Lieder, die aus dem grünen Gesangbuch der Gemeinschaft gesungen werden, begleitet von einem Klavier. Vieles hier auf dieser Insel an der Westküste Schottlands erinnert an die Gemeinschaft von Taizé im Burgund. Nur dass hier alles eine Nummer kleiner ist. Die Kirche ist kleiner, das Gästehaus im mittelalterlichen Kloster bietet etwa 50 Menschen Platz. »Man braucht ja mehrere Stunden, um hierherzukommen«, erzählt Peter MacDonald, »obwohl es vom Landesinneren Schottlands gar nicht so weit entfernt ist. Aber man muss zwei Fähren nehmen, und niemand kommt heute rein zufällig nach Iona. Du musst dich bewusst dafür entscheiden, weil Iona nicht auf irgendeinem Weg liegt.«

Vor etwa 1500 Jahren war das noch ganz anders. Da waren große Teile Europas unwirtlich, bewaldet und richtig gefährlich. Und eine Insel wie Iona war per Schiff leichter zu erreichen als so mancher Ort in England oder auf dem Festland. Und deshalb spielt Iona in der europäischen Christentumsgeschichte eine zentrale Rolle, weil von hier aus der irische Missionar Kolumban im Jahre 563 Schottland und den Norden Englands christianisierte. Von hier aus verbreiteten Kolumbans

Gefolgsleute das Evangelium in weite Teile Europas. Später errichteten Benediktiner auf Iona ein Kloster – in einer Zeit, in der man noch nicht zwischen evangelisch und katholisch unterschieden hat. In der Reformationszeit zerfiel die Klostergemeinschaft samt ihrer Gebäude. Und dann war es ein Pfarrer der schottisch-reformierten Kirche, ein gewisser George MacLeod, der in den Dreißigerjahren des 20. Jahrhunderts die Insel und ihre zerfallene Abtei entdeckte. Mit ein paar Freunden hat er sich darangemacht, diesen Ort wiederaufzu-

> »Es wurde immer klarer, dass die Vision hinter dem Wiederaufbau des Klosters Iona und die Rolle, die Iona in der schottischen Geschichte spielt, dass das eine gemeinsame Geschichte von Protestanten und Katholiken ist. Kolumban und Iona verbinden uns. Iona ist ein Ort der Heilung und der Versammlung der verschiedenen christlichen Denominationen.«
>
> *Peter MacDonald, Leiter der Ökumenischen Gemeinschaft von Iona/Schottland*

bauen. Aus Bauarbeitern, Handwerkern und Theologiestudenten wurde eine Gemeinschaft. Eine Lebens- und Glaubensgemeinschaft ohne konfessionellen Exklusivitätsanspruch. »Iona spielt in der schottischen Geschichte eine wichtige Rolle«, sagt MacLeods Nachfolger als Leiter der Gemeinschaft, Peter MacDonald. »Das ist eine gemeinsame Geschichte von Katholiken und Protestanten. Kolumban und Iona verbinden uns.« Und so formuliert der Leiter das Selbstverständnis der Gemeinschaft: »Iona ist ein Ort der Heilung und der Vereinigung der verschiedenen christlichen Konfessionen.«

Iona: »Bei uns finden sie Frieden und Gerechtigkeit«

Die Insel ist das Zentrum der Gemeinschaft von Iona, aber hier leben nur die wenigsten ihrer Mitglieder. Peter MacDonald verbringt gerade eine Sommerwoche in der Abtei, normalerweise lebt er in der Nähe von Edinburgh als Pfarrer einer evangelischen Gemeinde. Die etwa 270 Mitglieder von Iona sind keine Mönche und Nonnen. Sie leben zusammen mit ihren Familien und gehen ganz verschiedenen Berufen nach. Von Zeit zu Zeit trifft man sich dann entweder auf Iona oder in sogenannten *family groups* vor Ort. Spannend sind diese Treffen, weil dann darüber gesprochen wird, wie man sein Leben als Christ und Mitglied der Gemeinschaft von Iona führt. Peter MacDonald nennt das »Rechenschaft ablegen« und erinnert damit daran, dass Iona kein unverbindlicher Zusammenschluss frommer Menschen ist. Auch wenn sich die Gemeinschaft anders als Taizé nicht als Ordensgemeinschaft versteht; es gibt Regeln, die jedes Mitglied befolgen sollte:

1. Tägliches Gebet und Bibelstudium
2. Verantwortlicher Umgang mit Zeit
3. Verantwortlicher Umgang mit Geld
4. Einsatz für Gerechtigkeit, Frieden und Bewahrung der Schöpfung
5. Regelmäßige Treffen

Verantwortlicher Umgang mit Geld? Zehn Prozent ihres verfügbaren Einkommens (also nach Abzug von Steuer, Versicherungen und Miete) müssen die Mitglieder für gute Zwecke einsetzen, insbesondere für Friedensprojekte, Umweltprojekte. Die Gemeinschaft verlangt Engagement von allen ihren Mitgliedern und auch ihren Gästen. Nicht jeder rechnet damit. Im Sommer ist Iona ein Idyll, einer der »schönsten Flecken auf der Erde«, sagt MacDonald. Viele dieser berühmten, uralten Keltenkreuze stehen auf der Insel. Aber Keltenkitsch und Sommerfrische, das ist nicht die Sache von Peter MacDonald. Wer glaubt, er finde auf Iona Ruhe und Frieden, den muss der Leiter der Gemeinschaft enttäuschen: »Bei uns finden sie Frieden und Gerechtigkeit«, sagt er in Anspielung auf Regel Nummer vier der Gemeinschaft. Das sozialpolitische Engagement, sei es im Beruf oder in ehrenamtlichen Projekten, ist das, was Iona von anderen ökumenischen Gemeinschaften unterscheidet. Nur ein Beispiel von vielen: In Glasgow betreibt Iona ein Projekt für junge Straffällige, um zu verhindern, dass sie wieder kriminell werden. Iona versteckt sich nicht hinter Klostermauern, sondern geht in die Welt. Mehrfach benutzt Peter MacDonald das englische Wort *comfort-zone*. »Wir holen die Menschen aus ihrer *comfort-zone*«, aus ihrer Kuschelecke, aus ihrer Bequemlichkeit. Das merkt man auf Iona sogar im Gottesdienst, in dieser speziellen Liturgie, die die Gemeinschaft pflegt: keine ätherischen Gesänge, keine Wohlfühlmusik. Auf Iona singt man kämpferisch von Jesus, dem Herrn, der »die Ungeliebten groß macht« und in dem »Ungerechtigkeit ihr Ende findet«. Auf Iona ist das Glaubensbekenntnis kein formelhaftes Credo, sondern eine immer neu formulierte Bekräftigung, eine *affirmation*:

Wir glauben, dass Gott gegenwärtig ist
in der Dunkelheit vor der Dämmerung,
im Warten und in der Unsicherheit,
wenn sich Angst und Mut die Hand reichen

und Streit und Liebe sich verbinden
und die Sonne aufgeht über dem Stacheldrahtzaun.
Wir glauben an einen Gott, der mit uns ist,
der in unserer Mitte sitzt,
um teilzuhaben an unserer Menschlichkeit.
Wir bekräftigen einen Glauben,
der uns herausreißt aus der Sicherheit,
in die Aktion, in die Verletzlichkeit
und in die Straßen.
Wir verpflichten uns selbst, am Wandel zu arbeiten
und uns einzureihen,
Verantwortung zu tragen, Risiken zu übernehmen,
kraftvoll zu leben und die Erniedrigung zu bekämpfen,
gemeinsam an der Grenze zu stehen,
das Leben zu ändern
und ein Werkzeug des Geistes zu werden
für Gottes neue Gemeinschaft der Hoffnung.
Amen.

Ist das die Ökumene, die sich der indische Missionar Azariah im Jahr 1910 in Edinburgh erträumt hatte? Es ist auf jeden Fall eine Ökumene, die von dem Gedanken lebt: Gemeinsam sind wir stark. Eine Ökumene, die sich nicht lange mit Lehrfragen aufhält, sondern gleich handelt. Dabei wird das Miteinander der Konfessionen auf Iona fast zur Nebensache. Es geht um ein größeres Ziel, um Gerechtigkeit und Frieden. Und diesem Ziel haben sich auch Konfessionen unterzuordnen. »Von Anfang an war da die Überzeugung, dass wir einen Glauben haben und einem Herrn folgen. Das ist für uns die Wirklichkeit«, erklärt Peter MacDonald. »Aber es gibt sehr viel mehr, was uns als Christen vereint, als trennt. Und so hofft unsere Gemeinschaft, als ökumenische Gemeinschaft ein Zeichen zu sein für das, was Christen tun können. Das ist ein starkes Zeichen für eine geteilte Welt, wenn Christen sich vereinen.« Dieses Ökumenekonzept ist attraktiv. Woche für Woche nehmen viele Menschen die umständliche Reise nach Iona auf sich, um mindestens eine Woche lang dort zu leben, zu arbeiten und zu beten. Es gibt außerhalb des Klosters noch mehrere Gästehäuser auf der Insel, und die Gemeinschaft von Iona bietet den Pilgern eine Art Programm. Die Gebetszeiten morgens, mittags und abends, dazwischen Gespräche, Vorträge oder einfache Arbeiten in der Abtei. Wer von Deutschland aus Iona besuchen will, sollte zwei Tage für die Anreise einplanen. Aber für echte Freunde der Gemeinschaft ist das anscheinend kein Hindernis. Gerade im deutschsprachigen Raum sei der Kreis der Anhänger von Iona besonders groß, erzählt Peter MacDonald. Und so gibt es auch in Deutschland und der Schweiz etliche *family-groups* der Gemeinschaft, die sich regelmäßig treffen, austauschen und gemeinsam für Gerechtigkeit und Frieden arbeiten.

Deutschland: Ökumene buchstabieren lernen

Gerade in Deutschland und der Schweiz ist Ökumene ein großes Thema, vielleicht mehr als in allen anderen Ländern. Der Grund dafür ist einfach. In diesen beiden Mutterländern der Reformation gibt es heute zwei nahezu gleich große Kirchen. Auf der einen Seite die Kirchen der Reformation, auf der anderen Seite die römisch-katholische Kirche. Ökumene ist hier ein Thema, weil es eben nicht um einen theologischen Gelehrtendialog geht, sondern weil es die Menschen unmittelbar betrifft. Deshalb sind hier Gemeinschaften wie Iona oder Taizé, die Lösungen für das konfessionelle Dilemma bieten, so beliebt. Deshalb werden hier die Probleme gemischtkonfessioneller Paare besonders ernst genommen. Und deshalb ist hier der Ruf nach einer gemeinsamen Eucharistiefeier besonders laut und der Ärger über die Mutlosigkeit der kirchlichen Hierarchie besonders groß. Es ist ein schwacher Trost, aber vor hundert Jahren, als die Menschen langsam das Wort Ökumene zu buchstabieren lernten, da war das Miteinander der Konfessionen in Deutschland noch besonders unterentwickelt. Ehen zwischen Angehörigen unterschiedlicher Konfessionen galten als skandalös, gemeinsame Gottesdienste waren undenkbar, und sogar in den Parlamenten hatten die Konfessionen ihre eigenen Parteien.

Bei der Weltmissionskonferenz in Edinburgh 1910 war Deutschland nur mit einer kleinen Delegation vertreten, was auch an der angelsächsischen Dominanz dieses Treffens lag. In Konstanz am Bodensee sollte vier Jahre später, im August 1914, eine große Konferenz des »Weltbunds für internationale Freundschaftsarbeit der Kirchen« stattfinden. Auf der Teilnehmerliste standen Vertreter aus zehn europäischen Ländern und den USA. Doch der Beginn des Ersten Weltkriegs beendete diesen ökumenischen Sommer in Deutschland ziemlich unvermittelt, etliche Teilnehmer reisten erst gar nicht an und andere reisten schnell wieder ab, um nicht zwischen die Kriegsfronten zu geraten. Nach dem Krieg war Ökumene dann ein belastetes Thema in Deutschland, weil hier die junge Weimarer Republik fast ausschließlich auf »Siegermächte« traf, also Länder, die den Krieg gegen Deutschland gewonnen hatten und dafür im Versailler Friedensvertrag einen hohen Tribut einforderten; zu hoch, fanden die Vertreter des deutschen Protestantismus und machten ihre Beteiligung an der ökumenischen Arbeit davon abhängig, dass sich die Gesprächspartner von der in Versailles aufgestellten These der Alleinschuld Deutschlands am Krieg distanzierten. »Die Ökumene ist von Anfang an auch ein politisches Phänomen«, erklärt der Münchner Kirchenhistoriker Karl-Heinz Fix. Kirche und Nation seien in dieser Zeit viel zu eng miteinander verbunden gewesen, »als dass ein deutscher Protestant mit einem Anglikaner oder einem amerikanischen Baptisten reden könnte, ohne dass da Politik eine Rolle spielt«. Dazu kommt für die in weiten Teilen konservativen oder gar monarchistisch gesinnten Lutheraner eine gehörige Portion Skepsis gegenüber den Kirchen des Westens. »Weil aus dem Westen die Demokratie kommt«, sagt Fix. Und diese westlichen, reformierten Kirchen hätten für den Lutheraner immer die gefährliche Neigung, »das Himmelreich schon auf Erden verwirklichen zu wollen«.

Bonhoeffers Traum: ein großes ökumenisches Konzil

Es gibt auch Ausnahmen. Zum Beispiel den evangelischen Berliner Pfarrer Friedrich Siegmund-Schulze, der schon die Konferenz in Konstanz mit vorbereitet hat und sich auch in der Weimarer Republik für die Friedensarbeit der Kirchen stark machte. Oder den jungen Theologen Dietrich Bonhoeffer. Für den Historiker Karl-Heinz Fix ist er der Prototyp des deutschen Ökumenikers. Einer, der in der Lage ist, über den Tellerrand zu schauen, weil er anders als viele seiner Kollegen bereits im Ausland war: als Vikar in Barcelona, als Forscher am *Union Theological Seminary* in New York. Laut Karl-Heinz Fix ist das die beste Voraussetzung für ökumenische Aufgeschlossenheit: »Theologen, die persönliche Auslandserfahrung haben, die mal nach England, nach Frankreich gereist sind, manche sogar in die USA, haben eine ganz andere Einstellung zur Ökumene als diejenigen, die brav im Lande bleiben, deutschnationale Thesen verbreiten und allenfalls mal österreichische Berge aus der Nähe sehen.« Dass Bonhoeffer in der deutschen Theologie eine Ausnahmeerscheinung war, zeigt die Tatsache, dass sein ökumenischer Horizont auch die römisch-katholische Kirche umfasste. Als Student besuchte er 1924 Rom und schrieb beeindruckt, endlich fange er an, den »Begriff Kirche zu verstehen«. Seit 1931 engagierte sich Bonhoeffer aktiv in der ökumenischen Bewegung. Diese hatte schon bald nach 1910 begonnen, konkrete Formen anzunehmen. Zum einen gibt es die eher theologisch ausgerichtete Bewegung für »Glaube und Kirchenverfassung«. Zum anderen die Bewegung für »Praktisches Christentum«, die sich vor allem um »Ethik« kümmert, wie wir heute sagen würden. Bonhoeffer interessiert sich in erster Linie für die Praxis und mit dem Machtantritt Adolf Hitlers in Deutschland vor allem für eine Frage: Wie gelingt es der Ökumene, also der weltweiten Christenheit, den Frieden zu retten, in einer Zeit, in der alle Zeichen auf Krieg hindeuten. Bei einer Tagung des Rates für Praktisches Christentum 1934 im dänischen Fanø überrascht Dietrich Bonhoeffer mit einer revolutionären Forderung: »Wie wird Friede? Wer ruft zum Frieden, dass die Welt es hört, zu hören gezwungen ist? Dass alle Völker darüber froh werden müssen? Der einzelne Christ kann das nicht – er kann wohl, wo alle schweigen, die

Stimme erheben und Zeugnis ablegen, aber die Mächte der Welt können wortlos über ihn hinwegschreiten. Die einzelne Kirche kann auch wohl zeugen und leiden – ach, wenn sie es nur täte –, aber auch sie wird erdrückt von der Gewalt des Hasses. Nur das eine *große ökumenische Konzil* der *Heiligen Kirche Christi* aus aller Welt kann es so sagen, dass die Welt zähneknirschend das Wort vom Frieden vernehmen muss und dass die Völker froh werden, weil diese Kirche Christi ihren Söhnen im Namen Christi die Waffen aus der Hand nimmt und ihnen den Krieg verbietet und den Frieden Christi ausruft über die rasende Welt.«

Ein ökumenisches Friedenskonzil! Das war im Jahr 1 nach der Machtergreifung Adolf Hitlers wieder eine Vision vom christlichen Miteinander, für die die Zeit noch nicht reif war. Man mag sich gar nicht vorstellen, was möglich gewesen wäre, wenn es Bonhoeffer gelungen wäre, sich mit dieser Idee durchzusetzen. Eine Kirche, die den Völkern die Waffen aus der Hand nimmt. Doch selbst seinen ökumenischen Gesprächspartnern war dieser Vorschlag zu verwegen: Konzil klang in ihren Ohren zu sehr nach römischem Katholizismus und Frieden zu sehr nach naivem Pazifismus. Und so reiht sich auch Dietrich Bonhoeffer ein in diese Kette der Visionäre, die ihren Zeitgenossen weit voraus waren: Der anglikanische Missionar Azariah, der katholische Bischof Bonomelli, der evangelische Theologe Bonhoeffer.

Doch der junge deutsche Theologieprofessor ist kein naiver Schwärmer, kein blinder Idealist, vielmehr ein kluger Kämpfer, der es im Deutschland des Nationalsozialismus versteht, seine ökumenischen Kontakte für den Kampf gegen Adolf Hitler zu nutzen. Über Bonhoeffers wohl engsten Vertrauten, den anglikanischen Bischof von Chichester in England, George Bell, wird die Ökumene zum internationalen Sprachrohr des kirchlichen Widerstandes in Deutschland. Diese Kontakte sind beispielsweise wichtig, um verfolgten Pfarrern zu helfen. »Dieses Netzwerk funktioniert ausgezeichnet«, erzählt Karl-Heinz Fix, »sodass deutsche Pfarrer in die Schweiz oder England ausreisen können

» Wie wird Friede? ... Nur das eine große ökumenische Konzil der Heiligen Kirche Christi aus aller Welt kann es so sagen, dass die Welt zähneknirschend das Wort vom Frieden vernehmen muss und dass die Völker froh werden, weil diese Kirche Christi ihren Söhnen im Namen Christi die Waffen aus der Hand nimmt und ihnen den Krieg verbietet und den Frieden Christi ausruft über die rasende Welt.«

Dietrich Bonhoeffer

und dort eine Pfarrerstelle übernehmen«. Gelebte Ökumene in Krisenzeiten: Dass ein lutherischer Pfarrer aus Bayern in der reformierten Schweiz eine neue Stelle findet, wäre nur wenige Jahre zuvor völlig unvorstellbar gewesen. Und Bonhoeffer selbst nutzte seine ökumenischen Kontakte in der Schweiz dafür, um in Deutschland verfolgten Juden zu helfen. Schließlich weihte er seine Gesprächspartner auch in den Plan ein, der ihn später das Leben kosten sollte: den Plan der Offiziere, Adolf Hitler zu ermorden. So sollten die Alliierten auf die Umsturzpläne in Deutschland vorbereitet werden. Als das Attentat vom 20. Juli 1944 scheiterte, war Dietrich Bonhoeffer bereits in Gefangenschaft. Er wurde am 9. April 1945 im KZ Flossenbürg ermordet. Sein letzter Gruß galt einem ökumenischen Weggefährten, Bischof George Bell: »Sagen Sie dem Bischof, ich glaube an die universale christliche Brüderlichkeit über alle nationalen Interessen hinweg und ich glaube, dass uns der Sieg sicher ist.«

Amsterdam 1948: »Weil wir versagt haben«

Als drei Jahre nach Kriegsende und 38 Jahre nach der Konferenz von Edinburgh am 23. August 1948 in Amsterdam der Ökumenische Rat der Kirchen gegründet wurde, da entsandten auch die deutschen evangelischen Kirchen Delegierte. Also noch bevor Deutschland staatliche Souveränität erlangte, waren die deutschen Protestanten willkommene Partner in der ökumenischen Bewegung. »Das hing natürlich damit zusammen, dass es sehr enge Beziehungen während des Krieges zwischen dem sich bildenden Ökumenischen Rat und den führenden Leuten der kirchlichen Opposition gab«, erklärt Konrad Raiser – seines Zeichens bisher einziger deutscher Generalsekretär des Ökumenischen Rates. Er ist ein exzellenter Kenner der Geschichte dieses Gremiums, dessen Geschicke er selbst jahrelang maßgeblich mitgestaltet hat, als Referent, als stellvertretender Generalsekretär und eben dann von 1993 bis 2003 als Generalsekretär.

Der erste Mann, der dieses Amt innehatte, war ein Holländer: Willem Adolf Visser't Hooft. Als 1910 in Edinburgh die Weltmissionskonferenz zusammentraf, war er gerade einmal zehn Jahre alt. Ein Kind der Ökumene. Er engagierte sich wie so viele ökumenisch gesinnte Protestanten als Student im CVJM und wurde 1938 damit beauftragt, die verschiedenen ökumenischen Bewegungen zu einer festen institutionellen Größe zusammenzuführen, einem Ökumenischen Rat. »Er war eng verbunden mit Dietrich Bonhoeffer und Martin Niemöller«, sagt Raiser, »und so bestand trotz der Kriegssituation ein Band zwischen der Ökumenischen Bewegung und den Kirchen in Deutschland und daran konnte man nach dem Ende des Krieges anknüpfen.« Die evangelische Kirche sei auf diese Weise für Deutschland zum »Türöffner« geworden, auf dem Weg zurück in die internationale Gemeinschaft. Zusammen mit den deutschen evangelischen Landeskirchen waren es insgesamt 147 Kirchen aus 44 Ländern, die sich in Amsterdam zur Gründung des Ökumenischen Rates der Kirchen zusammenfanden. Das Spektrum war deutlich weiter als noch in Edinburgh. In Amsterdam traf sich nicht nur eine ausgewählte anglikanisch-protestantische Elite. An der Versammlung nahmen so viele unterschiedliche Kirchenvertreter teil wie nie zuvor: altkatholische, orthodoxe, anglikanische, fast alle evangelischen Kirchen und Freikirchen waren vertreten. Nicht dabei waren die beiden größten Kirchenfamilien der Christenheit: die römisch-katholische Kirche und die russisch-orthodoxe Kirche. Für den vorkonziliaren Katholizismus mit seinem Exklusivitätsanspruch war ein solches ökumenisches Engagement noch undenkbar und die russische Orthodoxie von Stalins Gnaden durfte aus politischen Gründen nicht nach Amsterdam. Diese Versammlung stand ganz im Zeichen des Krieges und der Spaltung der Welt, die darauf folgte. Und Generalsekretär Willem Visser 't Hooft knüpfte – wohl eher unbewusst – an Dietrich Bonhoeffers radikale Forderung nach einem Friedenskonzil an, als er den Gründungsauftrag für den Ökumenischen Rat so beschrieb: »Wir gründen diesen Rat nicht aus Ehrgeiz und um uns an Machtkämpfen zu beteiligen. Wir gründen ihn im Geist der Reue, weil wir versagt haben, gemeinsam Kirche zu sein, und um ein klareres Zeugnis abzulegen von dem Herrn, der kam, um allen zu dienen.«

Südafrika: Ökumene als Kampf

Fragt man Konrad Raiser, was für ihn denn das klarste Zeugnis sei, das der Ökumenische Rat in seiner Geschichte abgelegt hat, so muss er nicht lange überlegen: Südafrika! Der Rat habe zumindest einen »indirekten Anteil daran, wie das Apartheidsystem überwunden worden ist«. Am Beispiel Südafrika lässt sich gut zeigen, wie die Ökumene versucht hat, aus den Fehlern der Vergangenheit zu lernen. Handeln statt Schweigen. Im Kampf gegen die Apartheid wurde Azariahs Vision von einer Ökumene auf Augenhöhe (»Schenkt uns Freundschaft!«) Wirklichkeit. Die diskriminierende Rassentrennung im südlichen Afrika stand bereits in den frühen Sechzigerjahren auf der Agenda des Ökumenischen Rates. Man sah sich auf der Seite der Schwarzen und unterstützte deren Kirchen im Kampf gegen die Apartheid – auch finanziell. Aus Protest gegen diese Haltung traten drei Burenkirchen aus dem Weltkirchenrat aus. Die südafrikanische Apartheids-Regierung untersagte Mitarbeitern des Ökumenischen Rates die Einreise, aber Vertreter des südafrikanischen Widerstandes, wie Bischof Desmond Tutu, hielten von selbst den Kontakt zur Ökumenischen Bewegung und baten auf den großen Konferenzen um weitere Unterstützung für ihren Kampf. »Die Auseinandersetzung wurde zu einer gemeinsamen Aufgabe der Mitgliedskirchen des Ökumenischen Rates«, erinnert sich Konrad Raiser. »Selbst wenn es wegen der Art und Weise der Auseinandersetzung unterschiedliche Meinungen gab, aber in der Notwendigkeit, das Apartheidregime zu überwinden, gab es eine breite Übereinstimmung.« 1998 bei der Vollversammlung des Ökumenischen Rates in Harare würdigte Nelson Mandela, der erste Präsident des freien Südafrika, den Kampf der Ökumenischen Bewegung gegen den Rassismus:

»Für uns in Südafrika, im Südlichen Afrika und tatsächlich auf dem gesamten Kontinent war der Ökumenische Rat der Kirchen immer ein Vorkämpfer für die Unterdrückten und Ausgebeuteten. Allein der Name ›Ökumenischer Rat‹ verursachte Furcht in den Herzen derjenigen, die uns regierten und unser Land während der inhumanen Zeit der Apartheid ruinierten. Deshalb hörte ein Großteil unseres Volkes diesen Namen mit Freude. Er ermutigte und inspirierte uns. Als der Ökumenische Rat vor 30 Jahren ein Programm initiierte, um den Rassismus zu bekämpfen, und einen Spezialfonds auflegte, um Befreiungsbewegungen zu unterstützen, haben Sie gezeigt, dass Sie uns nicht lediglich als ferne Wohltäter karitativ unterstützen, sondern uns im Kampf um unsere gemeinsamen Ziele zur Seite stehen wollten. Für diese echte Solidarität werden sich die Menschen in Südafrika und im südlichen Afrika immer mit Dankbarkeit an den Ökumenischen Rat erinnern.«

» Eine besondere Zuspitzung bekam die Arbeit des Ökumenischen Rates durch die Bürgerrechtsbewegung in den USA und von dorther kam die Initiative, die dann 1969 zu diesem Beschluss geführt hat: ein Programm zur Bekämpfung des Rassismus einzuleiten. Der Weltkirchenrat hat durch dieses Programm jedenfalls einen indirekten Anteil an der Art und Weise, wie das Apartheidsystem überwunden worden ist.«

Konrad Raiser, Generalsekretär des Ökumenischen Rats der Kirchen von 1993–2003

Es gibt noch mehr solcher Beispiele, in denen der Ökumenische Rat der Kirchen mutig und prophetisch handelte. Gegen den Zeitgeist. Lange vor jeder Entspannungs- und Abrüstungspolitik baute der Rat Brücken in den Ostblock. 1961 wurde die russisch-orthodoxe Kirche Mitglied des Ökumenischen Rates. Lange vor der Klimadiskussion unserer Tage initiierte der Ökumenische Rat bei seiner Vollversammlung in Vancouver einen »Konziliaren Prozess für Gerechtigkeit, Frieden und Bewahrung der Schöpfung« und griff damit endlich den Vorschlag Dietrich Bonhoeffers aus dem Jahr 1934 auf: »ein großes ökumenisches Konzil der Heiligen Kirche Christi aus aller Welt«.

Genf: »Ein Tabernakel gibt's hier nicht«

Diese »Heilige Kirche Christi aus aller Welt« entpuppt sich bei genauerem Hinsehen als schlichter Zweckbau. In Genf hat der Ökumenische Rat seine Zentrale errichtet, ein Bürogebäude, das auch noch anderen ökumenischen Institutionen Raum bietet. Dagmar Heller, eine evangelische Pfarrerin aus Baden, arbeitet hier als Referentin und sie führt Besucher zuerst einmal in die Kapelle im Ökumenischen Zentrum. Kapelle trifft es nicht ganz, es ist schon eher eine stattliche Kirche, die da gleich neben dem Eingang liegt. Ein hoher, freundlicher Raum, der trotz seiner Sichtbetondecke und -wände nicht kühl wirkt. Durch die breite Fensterfront dringt viel Licht ein, und damit die Gottesdienstbesucher morgens nicht von der Sonne geblendet werden, sind die Fenster mit großen Holzlamellen verblendet. Das sorgt für eine warme Atmosphäre. Anders als viele moderne Kirchen wirkt dieser Raum nicht nüchtern. Das mag daran liegen, dass sich hier in der Kirche des Ökumenischen Rates nahezu alle christlichen Traditionen wiederfinden. »Die Ausstattung der Kapelle ist sehr ökumenisch«, erklärt Dagmar Heller. Eine griechische

Ikone gleich am Eingang, der Altarraum ist einer Kirche aus Syrien nachempfunden. Und wenn man so will, dann versinnbildlicht die große Orgel im Eck (eine Spende aus der DDR) das Erbe des europäischen Protestantismus, das Erbe Martin Luthers und Johann Sebastian Bachs. Katholisches sucht man dagegen vergebens. »Nein, ein Tabernakel gibt's nicht«, sagt Heller, »die Katholische Kirche ist ja auch nicht Mitglied im Ökumenischen Rat der Kirchen.« Sie lacht ein bisschen über diese etwas freche Analyse der ökumenischen Gegenwart, die so auch nur zur Hälfte stimmt. Die katholische Kirche ist zwar nicht Mitglied im Weltkirchenrat, hat aber viel mit ihm zu tun.

Die Hoffnung von Lima: Einheit ist möglich

So arbeitet man regelmäßig an den Treffen der Kommission für Glaube und Kirchenverfassung mit. Treffen, die ökumenische Geschichte schrieben. Zum Beispiel jene Konferenz im Januar 1982 in Lima. Damals kamen sich die verschiedenen Kirchen der Christenheit so nahe wie nie zuvor. »Damals«, schwärmt Dagmar Heller, »hat es sehr viel Hoffnung gegeben, dass sehr bald so was wie Einheit unter den Kirchen herstellbar sei.« Denn in Lima verständigten sich die Kirchen auf eine gemeinsame theologische Grundlage bei den zentralen Themen des ökumenischen Dialogs: Taufe, Eucharistie und Amt. »Durch dieses Dokument ist es gelungen, Vorschläge zu machen, wie die Kirchen einander näherkommen können, in diesen drei Fragen, die ja doch sehr entscheidende Fragen sind in Hinblick auf die Einheit«, so Heller. Natürlich funktioniert Ökumene anders als Tarifverhandlungen. Man einigt sich nicht auf dem kleinsten gemeinsamen Nenner, sondern sucht in Theorie und Praxis nach Gemeinsamkeiten und Unterschieden. Und überlegt dann: Wie kann man die Kirchen dazu bringen, dass sie sich in dem, was sie tun, gegenseitig anerkennen? Bei der Taufe ist man da in Lima schon sehr weit gekommen. Da bestanden die größten Unterschiede zwischen den Baptisten einerseits, die die Erwachsenentaufe praktizieren, und allen anderen Kirchen, die die Säuglingstaufe favorisieren. Ausgehend von einem gemeinsamen biblischen Verständnis der Taufe sei man übereingekommen, so Dagmar Heller, die Erwachsenen- und die Säuglingstaufe als zwei verschiedene Arten der Taufe zu akzeptieren, die durchaus legitim seien. Schwieriger wird es natürlich bei der Frage der Eucharistie und besonders kompliziert bei der Frage des Priesteramtes. Aber durch den gesamten Text der Limaerklärung zieht sich das Bemühen, unterschiedliche Traditionen nicht als trennend oder gar falsch zu klassifizieren, sondern als Ausdruck ein und desselben biblischen und theologischen Grundverständnisses. So ist es am Ende eben nicht mehr entscheidend, ob Brot und Wein sich im Abendmahl tatsächlich in Leib und Blut Christi verwandeln, so wie es die katholische, orthodoxe und lutherische Tradition lehrt. Entscheidend ist Folgendes: »Kraft des lebendigen Wortes Christi und durch die Macht des Heiligen Geistes werden Brot und Wein die sakramentalen Zeichen des Leibes und Blutes Christi.« Das können alle in Lima vertretenen Konfessionen unterschreiben. Auch die römisch-katholische Delegation!

Populär wurde die Erklärung von Lima vor allem durch den Versuch, sie in die Praxis zu übersetzen. Die »Lima-Liturgie« ist der erste und bis heute einzige wirkliche Versuch, eine ökumenische Eucharistiefeier zu beschreiben. Eine sehr reiche Liturgie, die die stärksten Elemente der unterschiedlichen christlichen Traditionen beinhaltet und dennoch versucht, die Gottesdienstgemeinde zur Gemeinschaft zu verpflichten. Im Dankgebet nach der Eucharistie heißt es:

»In Frieden lasst uns zum Herrn beten:
Herr, unser Gott, wir sagen dir Dank,
dass du uns im Leib Christi vereinst durch die Taufe
und uns mit Freude erfüllst in der Eucharistie.
Leite uns auf dem Weg
zur vollen sichtbaren Einheit deiner Kirche
und hilf uns, alle Zeichen der Versöhnung wertzuschätzen,
die du uns gewährt hast.«

Die Lima-Liturgie wurde zum ersten Mal am 15. Januar 1982 in der Kapelle des Ökumenischen Rates in Genf gefeiert und später immer wieder bei großen ökumenischen Anlässen. Heute wird sie allenfalls noch von ökumenischen Gemeinschaften und Basisgemeinden praktiziert. Bei offiziellen Anlässen wäre es undenkbar, einen Gottesdienst nach dem Drehbuch von Lima zu feiern. Den Protestanten ist »Lima« zu katholisch, den Katholiken zu modern, und viele orthodoxe Kirchen lehnen gemeinsame Gottesdienstfeiern mittlerweile kategorisch ab.

Ernüchterung nach Lima: Die Grenzen der Ökumene

So nah wie in Lima sei man sich nie wieder kommen, sagt die Ökumeneexpertin Dagmar Heller: »1982 und in den Folgejahren, als das Lima-Dokument veröffentlicht wurde, war eine andere Stimmung da, und zwar auf beiden Seiten: Auf katholischer Seite waren noch die Nachwehen des Zweiten Vatikanischen Konzils zu spüren. Und auf evangelischer Seite waren die Leute, die damals in der Ökumene tätig waren, stärker gewillt, sich auf solche katholischen oder katholisierenden Vorschläge einzulassen, als das heute der Fall ist.« Hinzu kommt, dass die orthodoxen Kirchen nach dem Fall des Eisernen Vorhangs ein neues Selbstverständnis entwickeln mussten und entwickelt haben. Befreit von den Zwängen, denen Kirche in einem kommunistischen System ausgeliefert ist, präsentierten sich die russisch-orthodoxe Kirche, die serbische, die bulgarische, die rumänische selbstbewusster im ökumenischen Dialog. Das Ziel der Ökumene war jetzt nicht mehr Bonhoeffers eine »Heilige Kirche Christi aus aller Welt«, sondern ein möglich erträgliches und harmonisches Miteinander. Der russisch-orthodoxe Erzbischof in Deutschland, Longin von Klin, formuliert es so: »Ökumene ist, dass wir uns selbst anerkennen und den anderen achten. Leider sind in letzter Zeit andere Tendenzen in die Ökumene gekommen. Nämlich, dass Gruppierungen unbedingt wollen, dass die alten Kirchen den westlichen Protestantismus anerkennen müssen und sich auch in diese Richtung ändern sollen, was für uns natürlich unmöglich ist.«

Aus der Ökumene von Edinburgh, Amsterdam und Lima ist eine »Ökumene der Profile« geworden – so hat es der ehemalige Ratsvorsitzende der Evangelischen Kirche in Deutschland, Bischof Wolfgang Huber, formuliert. Die russisch-orthodoxe Kirche profiliert sich im ökumenischen Dialog vor allem durch eine scharfe Ablehnung der bei den evangelischen Kirchen praktizierten Frauenordination. Frauen am Altar, das ist für Erzbischof Longin schlicht unvorstellbar: »Die Frauenordination ist kein traditionelles Amt, sondern eine Erfindung der zweiten Hälfte des 20. Jahrhunderts. Deshalb können wir nicht sagen: Wir weihen Frauen zu Priestern.«

Eine ökumenische Anpassung an evangelische Standards? Das verlangt so niemand von den orthodoxen Kirchen. Was die amtierende Ratsvorsitzende der Evangelischen Kirche in Deutschland (EKD), Margot Käßmann, allerdings schon erwartet, ist Respekt vor der Tradition der Reformation. »Das war schon schwer zu schlucken«, sagt Käßmann zu der Erklärung der Moskauer Bischofssynode aus dem Jahr 2000, wonach allein die Orthodoxie die »wahre Kirche Christi« sei. »Auch die evangelische Kirche ist Kirche nach den Überzeugungen der Reformation«, so Käßmann. Als im September 2002 dann noch beschlossen wurde, mit Rücksicht auf orthodoxe Kirchen im Ökumenischen Rat keine ökumenischen Gottesdienste mehr zu feiern, hat sich Käßmann aus dem Rat verabschiedet. »Da ist für mich das Herzstück der Ökumenischen Bewegung, nämlich ein gemeinsamer Gottesdienst aus den unterschiedlichen liturgischen Traditionen, infrage gestellt worden. Und wenn ich mit den Menschen nicht mehr gemeinsam Gottesdienst feiern kann, warum soll ich dann über die anderen Fragen: Gerechtigkeit, Frieden, Bewahrung der Schöpfung diskutieren?« Seit ihrer Studentenzeit engagiert sich Margot Käßmann in der ökumenischen

Bewegung. Die erste Vollversammlung des Ökumenischen Rates, an der sie als Delegierte teilnahm, war die Konferenz von Vancouver 1983, als der konziliare Prozess angestoßen wurde. »Als junge Frau hat mich der Ökumenische Rat beeindruckt, weil er mutig war, beispielsweise in der Frage des Rassismus oder in der Frage der Mittelstreckenraketen.« Und heute? Unausgesprochen wird klar, dass sich Käßmann vom Weltkirchenrat mehr Mut wünschen würde bei der Überwindung theologischer Differenzen. Um so auch wieder in der Welt eine wichtigere Rolle zu spielen: »Der Ökumenische Rat der Kirchen könnte in einer globalisierten Welt neben dem Vatikan auch die Stimme der anderen Christinnen und Christen der Welt sein und zu den Fragen der Globalisierung Stellung nehmen. Da hätte der Ökumenische Rat eine ganz große Aufgabe.«

»Da ist für mich das Herzstück der Ökumenischen Bewegung, nämlich ein gemeinsamer Gottesdienst aus den unterschiedlichen liturgischen Traditionen, infrage gestellt worden. Und ich fand: Wenn ich mit den Menschen nicht Gottesdienst feiern kann, warum soll ich über die anderen Fragen: Gerechtigkeit, Frieden, Bewahrung der Schöpfung diskutieren?«

Margot Käßmann, Bischöfin und EKD-Ratsvorsitzende

Der Mann, der neben dem Papst »den anderen Christinnen und Christen der Welt« eine Stimme geben soll, ist noch relativ neu im Amt. Erst seit Januar 2010. Der amtierende Generalsekretär des Ökumenischen Rates der Kirchen heißt Olav Fykse Tveit und ist ein lutherischer Pfarrer aus Norwegen. Er leitet die Geschäfte des Ökumenischen Rates. Bei ihm laufen zwischen den großen Vollversammlungen, die im Abstand von sieben bis acht Jahren stattfinden, alle Fäden zusammen. Er und der Papst? Das könnte eine spannende Kombination werden: auf der einen Seite der weise, alte Mann aus dem Vatikan und daneben der noch nicht einmal fünfzigjährige Norweger mit jungenhaftem Charme und protestantischem Selbstbewusstsein. Vor Ehrfurcht wird Pfarrer Tveit wohl kaum im Boden versinken, sollte er dem Papst begegnen. Natürlich würde er ihn mit »Eure Heiligkeit« anreden, das sei eben der formelle und richtige Titel. »Aber ich hoffe, dass wir im Gespräch persönlich miteinander reden können als christliche Brüder«, so Tveit. Auch wenn Kardinal Walter Kasper, der »vatikanische Ökumeneminister«, die lose Form der Zusammenarbeit zwischen Weltkirchenrat und Vatikan für das »angemessene Modell« hält – die Hoffnung, dass die katholische Kirche eines Tages Mitglied im Ökumenischen Rat wird, will der Generalsekretär nicht aufgeben: »Natürlich müssen wir das, was wir aktuell haben, schätzen. Aber wir könnten mehr machen: theologisch, moralisch, politisch.« Der Mann hat ökumenische Ambitionen. Das ist nicht nur wohltuend, sondern vor allem notwendig in einer Zeit, in der wieder mehr denn je das Trennende betont wird und die Konfessionen daran arbeiten, ihr Profil zu schärfen. Tveit nimmt es mit skandinavischer Gelassenheit: »Ich denke, dass die Ökumenische Bewegung eine Bewegung in Wellen ist, und deshalb müssen wir ganz gelassen sehen, dass es auf und ab geht.«

Möglicherweise verschieben sich auch nur die Schwerpunkte. Vielleicht ist die Zeit der großen theologischen Fortschritte tatsächlich vorbei. Und der Ökumenische Rat entwickelt sich in eben jene Richtung, die Margot Käßmann vorschwebt: Eine Stimme der Christen in der Welt! Im Dialog mit anderen Religionen wird eine solche Stimme gerade dringend benötigt. Der Papst kann und darf nicht allein für alle Konfessionen und Kirchen sprechen. »Viele Konflikte in dieser Welt haben etwas mit Religion zu tun«, bestätigt Tveit, »und wir als Ökumenischer Rat haben auch die Verantwortung, die interreligiöse Dimension in die Friedensbewegung einzubringen.« Für diese Dialogarbeit sieht der Generalsekretär seinen Ökumenischen Rat bestens gerüstet, weil er nicht funktioniert wie eine Kirchen-UNO, eine abgehobene Spitzenorganisation mit einem üppigen Verwaltungsapparat. Die Ökumenische Bewegung ist immer das geblieben, was sie von Anfang an war: eine Basisbewegung der Kirchen vor Ort. Der Ökumenische Rat vertritt weltweit 560 Millionen Christinnen und Christen, die alle in einer Kirche vor Ort leben und Muslime, Juden oder Hindus als Nachbarn haben. Und diese Erfahrung, so Tveit, sei ein »großes Potenzial für den Ökumenischen Rat als Gesprächspartner im interreligiösen Dialog«.

Noch einmal ein letzter Blick in die Kapelle im Ökumenischen Zentrum in Genf: Es ist ein Kirchenraum, der wirklich Bände spricht. Hinten im Eck, neben der dominanten Orgel haben sich noch andere Instrumente einen Platz erkämpft. Instrumente, die man in keiner Kirche in Europa vermuten würde: Trommeln aller Art,

Rasseln, Bongos und ein gewaltiger Gong. Diese Musikinstrumente stehen für die zahlreichen jungen Kirchen des Südens, die im Ökumenischen Rat eine immer wichtigere Rolle spielen: Pfingstkirchen aus Lateinamerika, *African Independent Churches* und Freikirchen aus Indonesien, Korea oder den Philippinen.

» Viele Konflikte in dieser Welt haben etwas mit Religion zu tun, und wir als Ökumenischer Rat haben auch die Verantwortung, die interreligiöse Dimension in die Friedensbewegung einzubringen.«

Olav Fykse Tveit, amtierender Generalsekretär des Ökumenischen Rats der Kirchen

Diese Kirchen wachsen im Gegensatz zu den Kirchen des Nordens, diese Kirchen sind die Gesprächspartner für den interreligiösen Dialog und diese Kirchen schicken bereits heute Missionare ins Missionsgebiet Europa. Und so kehrt die Ökumene zu ihren Wurzeln zurück. Als sich vor 100 Jahren Missionare verschiedener Kirchen in Edinburgh trafen, da haben sie (wohl eher ungewollt) eine große Ökumenische Bewegung in Gang gesetzt. Und heute, wo diese Bewegung an vielen Punkten an ihre Grenzen stößt, ausgereizt scheint, da gerät wieder in den Blick, was schon 1910 in Edinburgh die Devise war: Nur gemeinsam sind wir stark. »Wir bitten euch um eure Liebe. Schenkt uns Freundschaft!«, hat der indische Missionar Azariah seinen weißen Glaubensbrüdern 1910 zugerufen. Ist es nicht genau das, worum es in der Ökumene geht: um Liebe und Freundschaft? Ja, genau darum geht es, um nicht mehr, aber vor allem: um nicht weniger.

»Wir gehören zusammen ...«

Ökumene an der Basis

Von Karin Wendlinger

Für eine Erdbeertorte, gefüllt mit Vanillepudding, radelt Clemens schon mal mehrere Kilometer nach Hause. Den Regen und die Kälte nimmt er dafür in Kauf. Ein Stück Kuchen, gebacken von seiner Mutter, möchte er sich nicht entgehen lassen. Insbesondere jetzt, wo er vom Elternhaus ausgezogen ist und in Tübingen bei Freunden der Familie ein Zimmer zur Untermiete bewohnt. Da will der 16-Jährige jeden Cent sparen und verzichtet lieber auf den Bus. Clemens hat sich für eine Ausbildung als biologisch-technischer Assistent entschieden, möchte auf eigenen Füßen stehen. Der Segen seiner Eltern ist ihm sicher.

Beate Beyer sitzt am großen, ovalen Wohnzimmertisch neben Clemens und gibt ihm ein zweites Stück Torte auf den Teller. »Ich hab noch eine gebacken«, lässt sie ganz nebenbei fallen und lächelt ihn an. Die beiden frotzeln miteinander, unterhalten sich über den Vormittag, tauschen Termine aus. Sie ist sichtbar stolz auf ihren mittleren Sohn, auf seinen Entschluss, selbstständig das Leben zu meistern. Das ist es, was Beate und ihr Mann Jörg ihren drei Söhnen von Geburt an mit auf den Weg geben wollten. »Und Gottvertrauen«, ergänzt sie mit leicht schwäbischem Akzent. »Als die Kinder noch klein waren, sind wir mit ihnen jedes Jahr nach Taizé gefahren und haben dort unseren Jahresurlaub verbracht. Das hat sie geprägt – ihren Glauben, ihre Zuversicht.« Zu Hause haben die Beyers jeden Abend mit ihren Kindern gebetet, ihnen aus der Bibel vorgelesen, mit ihnen gesungen. Das Tischgebet ist bis heute geblieben, egal ob sie unter sich sind, ob Gäste da sind oder Freunde der Kinder. »Wenn man von etwas überzeugt ist, muss man sich dafür nicht schämen – im Gegenteil. Einige Freunde beneiden unsere Söhne um dieses Ritual.«

Biblisch leben heißt: In christlicher Einheit leben

Familie Beyer sieht man die christliche Prägung an. Bereits im Eingangsflur des Einfamilienhauses begrüßt Jesus den Eintretenden: Es ist eine Ikone, der man – ausgeblichen wie sie ist – bereits die Jahre ansieht, die sie dort hängt. Im Wohnzimmer findet sich eine Gebetsecke, mit einer Kerze, einer aufgeschlagenen Bibel, einem Kreuz und kleinen Steinchen. Dahinter hängen vier Heiligenbilder, jeder hat seinen Namenspatron. Auch in den Regalen und auf den Fensterbrettern zahlreiche Hinweise auf den Glauben der Familie Beyer: ein kleines Tonkreuz, das Chartres-Labyrinth und eine Postkarte, auf der die tanzende Miriam aus der Bibel abgebildet ist. Der Glaube ist präsent, bestimmt den Alltag der ganzen Familie. »Ich habe den Eindruck, dass der gelebte Glaube an erster Stelle steht, und die Form, wie ich die Dinge beurteile, an zweiter Stelle.« Beate Beyer ist katholische Religionslehrerin an einer Berufsschule in Rottenburg. Ihren Mann Jörg kennt sie seit 1977. Dass er in der evangelischen Jugendarbeit aktiv war und Pfarrer werden wollte, stellte sich für das junge Paar nicht als Problem dar. »Wir haben uns geliebt und gedacht, da wird es schon einen Weg geben«, erinnert sich der heute 51-Jährige, während er an seiner Kaffeetasse nippt.

Enttäuschte Hoffnungen – Verhinderte Berufungen

Nach dem Abitur trennen sich ihre Wege zunächst. Beate führt das Studium der Religionspädagogik nach Freiburg, Jörg studiert evangelische Theologie in Berlin, später kehrt er nach Tübingen zurück. »Hier in Tübingen habe ich dann gehört, dass die unterschiedlichen Konfessionen doch ein Problem sind. Wir dachten zunächst, dass Beate konvertieren und evangelisch würde. Dann haben wir aber gemerkt, dass das nicht unser Weg ist.« Die beiden heiraten 1982. Ein Jahr später bekommt Beate eine feste Stelle als Religionslehrerin. Damit wird klar: Jörgs Pfarrer-Traum rückt in weite Ferne. Als ihm am Ende des Studiums die Evangelische Landeskirche schließlich zur Bedingung macht, dass seine Frau ihre Stelle wieder aufgeben müsse, damit er überhaupt als Pfarrer arbeiten könne, trifft Jörg eine folgenreiche Entscheidung: Er verabschiedet sich von seinen Berufsplänen, von seinem Berufswunsch. – Aus und vorbei wie ein zerplatzter Luftballon. Der Weg, der so klar vorgezeichnet schien, eine Sackgasse? Ein Irrweg? Von anderen verbaut? »Wenn ich geschieden wäre oder wenn ich eine Frau hätte, die mir jeden Sonntag sagt, was lügst du den Leuten vor, dann wäre ich heute Pfarrer.« Solche Sätze lassen erahnen, welche emotionalen Berg-und-Tal-Fahrten das Paar hinter sich hat. Die Tränen, die endlosen Gespräche, die Ratschläge der Freunde und Gefährten, das mühsame Abwägen, das Hin und Her – das war ein Teil ihrer Geschichte, gehört aber inzwischen der Vergangenheit an. Geblieben sind Erinnerungen an eine Lebensphase, die bei vielen anderen tiefe Gräben der Verletzung und Demütigung hinterlassen hätten. »Klein beigeben oder sich leise aus der Kirche verabschieden, das kam für uns nicht infrage.« Jörg Beyers Stimme wird entschiedener, fester, durchzogen von einem Hauch Kampfgeist: »Wir haben dann ein Buch über die konfessionsverbindende Ehe geschrieben [Beyer, Beate und Jörg, Konfessionsverbindende Ehe, Mainz 1986]. Damit war klar, dass wir nicht – wie andere – ein Spielball sind und uns erpressen lassen. Denn biblisch zu leben heißt, in christlicher Einheit zu leben. Wer in Schuld lebt, das sind die christlichen Konfessionen, die die Spaltung leben.« Beate Beyer überlegt kurz und fügt hinzu: »Eine religiöse Prägung kann man nicht so einfach ablegen, genauso wenig wie man seine Familie ablegen kann. Das prägt mich. Mir würde etwas fehlen, ich käme mir vor wie ein Verräter. Es ist kein Etikett, das ich da mir nichts dir nichts wechsle.« Alle drei Kinder sind katholisch getauft. Für eine Religionslehrerin ist das die Voraussetzung. Religiös beheimatet sind die Söhne allerdings in beiden Konfessionen. Als sie noch klein waren, haben sie die unterschiedlichen Kirchen und Konfessionen durchei-

» Wenn ich geschieden wäre, wenn ich eine Frau hätte, die mir jeden Sonntag sagt, was lügst du den Leuten vor, dann wäre ich heute Pfarrer. Doch so war es im Prinzip der Abschied von einer Lebensberufung und das war ein langes Überlegen, welchen Weg wir gehen.«

Jörg Beyer, Tübingen

nandergebracht, haben gefragt, in welche Kirche sie gehen. »Wir sind ökumenisch«, wirft Clemens selbstbewusst ein. Er selbst will sich gar nicht erst entscheiden zwischen den beiden Kirchen, engagiert sich bei den Kleinkindergottesdiensten. Ähnlich sein älterer Bruder Christoph: In der einen Kirche ist er Oberministrant und Gruppenleiter. In der anderen ist er in der

Leitung des CVJM, des christlichen Vereins junger Menschen. »Ist doch kein Problem«, sagt Clemens achselzuckend.

Das Telefon klingelt. Janosch, der jüngste Sohn, fragt, ob ihn jemand von der Schule abholen könnte. Er ist beim Spielen im Pausenhof gestürzt und hat Bauch- und Kopfschmerzen. Beate steht auf, holt den Autoschlüssel und nimmt noch schnell einen Schluck Kaffee aus ihrer Tasse.

»Erbärmlich, welch geistlose Maßnahmen die Konfessionen bestimmen«

Familie Beyer ist häufig umgezogen. Heute lebt sie in Derendingen, einer kleinen Gemeinde, die zu Tübingen gehört. Nur ein paar Schritte entfernt: die evangelische Kirche. Hier fühlt sich die Familie wohl, hat sie eine Heimat gefunden, ist voll integriert. Und sie verwaltet als unmittelbare Nachbarin sogar die Schlüssel zur Kirche. Janosch ist Jungbläser im Orchester. Selbst seine Mutter hat ihr katholisches Herz für den evangelischen Posaunenchor entdeckt und mit vierzig Jahren begonnen, Trompete zu lernen. Jetzt spielen Mutter und Sohn gemeinsam in einer pietistisch geprägten Gemeinde. »Hier sind alle sehr offen. Wir waren gerade mal zwei Wochen eingezogen und wurden gleich in der Osternacht liturgisch aktiv«, erzählt Jörg. Mittlerweile hat er sich beruflich mit einer Medienkommunikationsfirma selbstständig gemacht, die erfolgreich läuft. Auf seine ursprüngliche Berufung, das Evangelium auslegen zu wollen und andere von der Botschaft Jesu zu überzeugen, muss er dennoch nicht verzichten. Eine göttliche Fügung? »Ich habe bemerkt, dass ich außerhalb des

Pfarramtes die Möglichkeit zum Predigen habe. Ich halte Gottesdienste einschließlich Abendmahl und Taufe. Ich bin heute in vielem froh über diesen unseren Weg. Aber es ist letztendlich erbärmlich, wie er zustande gekommen ist, welch geistlose Maßnahmen die Konfessionen letztendlich bestimmen.« Beate ist mit Janosch zurückgekommen und gibt Entwarnung. Sie holt einen Eisbeutel aus der Küche, den sie ihrem jüngsten Sohn auf die Stirn legt: »Wir müssen unbedingt üben, sonst brauche ich mich nicht mehr im Posaunenchor blicken zu lassen«, lacht sie.

Die Ökumene ist für das Paar wichtig, ja lebensbestimmend. Sie ist Antriebsfeder, Zankapfel und prophetische Aufgabe zugleich. Jesus Christus als die eigene Mitte zu leben, das ist es, was Jörg und Beate unter Ökumene verstehen und was sie weitergeben möchten. »Wir müssen es schaffen, uns als Christen auf unsere Wurzeln zu besinnen, auf Jesus Christus und die Bibel, und uns wieder mehr damit auseinandersetzen. Es geht nicht darum, ob ich jetzt ein modernes Lied singe oder einen Choral. Das sind doch alles Hilfsmittel, um diesem einen Jesus zu begegnen. Wenn wir das umsetzen könnten, wären wir schon viel weiter.« Auch innerhalb ihrer eigenen Familie sind es schon längst nicht mehr die theologischen Fragen, sondern die unterschiedlichen Glaubenskulturen, die zu Auseinandersetzungen führen. Trotzdem überwiegen die Gemeinsamkeiten gegenüber den Unterschieden, betont Jörg Beyer. »Wir sind näher beieinander als ein evangelisches Paar, bei dem der eine aus einer Friedensbewegung und der andere aus einem engen Fundamentalismus stammt. Oder zwischen einem Katholiken, der aus der Küng-Ecke kommt, und einem, der sehr stark marianisch geprägt ist.«

»Es war immer klar: Ich war eine Evangelische unter Katholischen«

Ortswechsel: Als sie zueinanderfanden, spielte die Konfession keine Rolle, erzählt Stephan. »Na ja, eigentlich hat die Konfession sogar eine skurrile Rolle gespielt«, widerspricht ihm Stephanie und lacht auf. Es ist ein Wochentags-Abend, 21 Uhr. Die beiden Kinder, Felix und Fania, liegen schon im Bett. Auf dem Küchentisch steht eine große Blumenvase mit frischem, duftendem Flieder. Stephanies Vater hat den Strauß aus Würzburg mitgebracht. Ein Gruß von zu Hause. Ähnlich wie Familie Beyer wohnt auch Familie Giglberger gegenüber einer Kirche, der katholischen Kirche. Aus dem Küchenfenster blickt man auf das Pfarrheim und den Kindergarten. Stadtrand-Idylle in München. Kennengelernt haben sie sich bei der Arbeit, in einer sozialpädagogischen Tagesstätte des SkF, Sozialdienst katholischer Frauen. Er – der einzige Mann, sie – die einzige Evangelische. »Wir waren beide in der Mitarbeitervertretung. Als Evangelische darf man nicht in der Leitung sein. Aber bei der Wahl bekam ich mehr Stimmen als Stephan. Und weil er katholisch war, durfte er Vorsitzender sein und ich nicht. Und da habe ich sehr früh gemerkt, dass ich anders bin als er. Wir hatten damals noch keine Beziehung. Aber es war immer klar. Ich war in München eine Evangelische unter Katholischen.«

Trotz der konfessionellen Ungleichheiten kommen sich die beiden näher. Aus der anfänglichen Freundschaft wird Liebe. Als sie schwanger ist, wird das Thema Religion zum ersten Mal konkret. »Wir haben damals spaßeshalber gesagt, wenn es ein Junge wird, dann wird er katholisch, und wenn es ein Mädchen wird, dann evangelisch. Und das hat Stephans Vater sehr ernst genommen und war dann ziemlich enttäuscht.«

Felix wird geboren. Die Eltern lassen ihn in einer ökumenischen Feier taufen. Ihnen ist wichtig, dass sowohl ein katholischer als auch ein evangelischer Pfarrer dabei ist. Im Stammbuch steht in der Spalte Konfession jedoch: evangelisch. »Für mich war es klar, dass Felix evangelisch werden soll, weil es mir näher war und weil ich nicht gewusst habe, wie ich meinem Kind die katholischen Traditionen hätte beibringen sollen.« Stephanie schaut Stephan an. Er erwidert: »Damals konnte ich noch ganz gut mit der Entscheidung leben, dass Felix evangelisch ist.« Das ist neun Jahre her. Ob er heute noch einmal genauso entscheiden würde? Stephan zögert ein wenig.

Als vor drei Jahren seine Tochter Fania auf die Welt kommt, fällt es ihm bereits schwerer anzunehmen, dass auch sie nicht seiner Konfession angehören wird, dass sie in einer anderen Kirche beheimatet sein wird: »Ich bin nach wie vor in der katholischen Kirche zu Hause. Ich glaube, es hängt mit dem Wunsch zusammen, dass das eigene Kind auch dort zu Hause sein sollte oder sein könnte. Und es ist klar, wenn es evangelisch ist, dass es nicht der Fall sein wird.«

Die Not vieler Ehepaare, sich auf eine Konfession festlegen zu müssen, kennt Christine Unch, Pfarrerin in der evangelisch-lutherischen Immanuelkirche, aus Taufgesprächen nur allzu gut: »Wenn der Glaube und die Kirche eine Rolle spielen, dann wird Ökumene gelebt. Dann ringen die Familien auch um den richtigen Weg. Heutzutage muss man froh sein, wenn jemand überhaupt noch in der Kirche ist.« Christine Unch und Stephanie Giglberger kennen sich. Sie bereiten in regelmäßigen Abständen Kleinkindergottesdienste vor. »Ein bisschen enttäuschend ist es schon, wenn dann nur wenige Eltern mit ihren Kindern in die Kirche kommen«, sagt Stephanie.

Benediktbeuern – ein Ankerpunkt und Glaubenszentrum

Am Fuß der Benediktenwand, am Rand des Loisach-Kochelsee-Moores liegt Benediktbeuern. Die zwei Zwiebeltürme der barocken Basilika St. Peter sind das Wahrzeichen des Ortes. Zum Klosterkomplex gehört die Stiftungsfachhochschule, an der man Pflegemanagement und Soziale Arbeit studieren kann. Träger der Hochschule ist die Gemeinschaft der Salesianer Don Boscos. Ein Orden, der sich vor allem für benachteiligte Kinder und Jugendliche einsetzt. Heute leben hier 49 Mitbrüder aus 13 Nationen.

Die Anfahrt aus München ist gut gelaufen, kein Stau, kein Unfall. Die Pfingstferien stehen vor der Tür. Es ist Freitagnachmittag. Der letzte Freitag im Mai. Alle zwei Jahre organisiert Stephan an diesem Tag das »Benediktbeurer Ehemaligentreffen«. Ein Forum, das die wissenschaftlichen Ergebnisse der Sozialen Arbeit in der Praxis verankern möchte. Mit dabei sind Dozenten, Absolventen der Fachhochschule, Studierende und Förderer. Stephan hat das Rahmenprogramm »Begegnung, Bewegung und Bildung« gestaltet. Mit einem seiner ehemaligen Professoren spricht er kurz noch einige Dinge ab. Probleme bereitet die mit einem Faltblatt beauftragte Druckerei, die nicht wie vereinbart geliefert hat. Stephan will sich nächste Woche darum kümmern.

Draußen am Brunnen behält Stephanie die zweijährige Fania im Auge, die sich sichtlich wohlfühlt, in die

Blumenbeete steigt und den bunten Schmetterlingen nachläuft. Für Familie Giglberger ist Benediktbeuern ein vertrauter Ort. Ganz besonders für Stephan. Er kennt hier jeden Winkel, hat die Gänge unzählige Male durchschritten, sich die Deckengemälde eingeprägt. Sieben Jahre hat Stephan in Benediktbeuern gelebt, hat Sozialpädagogik studiert und wollte Salesianer werden. Vor der ewigen Profess, also dem Versprechen, sich lebenslang an die Gemeinschaft zu binden, verlässt er das Kloster und kehrt nach München zurück. »Vielleicht habe ich zu hohe Ansprüche, was Regeln oder Versprechen anbelangt, und deswegen zögere ich da mehr. Manche denken sich nicht viel dabei und machen es einfach. Bevor ich etwas verspreche, wovon ich nicht weiß, dass ich es wirklich halten kann, bin ich eher zurückhaltend.« Stephan lächelt nachdenklich. »Das ist auch der Grund, warum wir bis heute nicht kirchlich geheiratet haben, sondern nur standesamtlich«, wirft Stephanie ein. »Ja, ich verspreche es lieber nicht und halte es dann.« Lange bevor sie ein Paar waren, begleitete sie ihren damaligen Arbeitskollegen ein erstes Mal nach Benediktbeuern. Der Anlass war die Priesterweihe eines ehemaligen Mitbruders. Die Feier war Stephanie fremd und weckte Neugierde. Dass Stephan aus dem Kloster ausgetreten war, wusste sie. »Für mich war das damals sehr beeindruckend, diese Priesterweihe. Auch zu spüren, wie nahe es Stephan gegangen ist.«

»Vielleicht hätten es die Kinder gern, wenn es nicht so kompliziert wäre«

Ökumene ist nichts, was die beiden im Alltag umtreibt oder aufreibt. Jeder hat seinen eigenen Ort gefunden, wo er sich einbringt und engagiert. Stephan in Benediktbeuern und Stephanie in ihrer evangelisch-lutherischen Gemeinde, ein paar Straßen vom Haus entfernt. Beide achten darauf, dass die Kinder auch katholische Traditionen kennenlernen. »Der Felix ist ein aufrechter evangelischer Junge. Das kommt durch die Schule, durch den Religionsunterricht ganz einfach, aber er sagt nie: Das ist bei den Katholischen ganz doof. Er singt ja auch im katholischen Kinderchor.« Stephan ist da zögernder: »Ja, das stimmt schon, ja. Ein Stück weit Heimat hat Felix auch in der katholischen Kirche gefunden.«

Am Ökumenischen Kirchentag in München werden sie voraussichtlich nicht teilnehmen. »Warum auch? Es verändert sich doch nicht wirklich etwas.« Trotzdem verspürt Stephanie zunehmend den Wunsch nach Einheit: »Dieses ganze Hin und Her, das ist bereichernd, natürlich, aber man fragt sich zwischendurch: Warum denn? Das ist wie mit Kindern, die bei beiden Eltern glücklich sind, auch wenn sie getrennt sind. Denn sie haben da ihres und dort ihres, aber vielleicht hätten die Kinder es gern, wenn es nicht so kompliziert wäre.«

Dorothea Sattler, Direktorin am Ökumenischen Institut in Münster, ist seit Jahren in der ökumenischen Arbeit tätig. Auch die deutschen Bischöfe hören auf ihre Meinung. In der Ökumenekommission ist sie beratendes Mitglied. »Es müssen Wege gefunden werden, wie die Traditionen der jeweiligen Partner wertgeschätzt werden können.« Im Hinblick auf die katholische Tradition fügt die katholische Theologin hinzu: »Wir wissen alle, dass es einen Unterschied zwischen der pastoralen Praxis und den kirchenrechtlichen Bestimmungen gibt, sodass auch viele konfessionsverbindende Familien Wege gefunden haben, einen Ort gefunden haben, in Gemeinschaft ökumenisch leben zu können.« Das sei aber keine letzte Lösung. Denn am Ende müssen offizielle Verlautbarungen diesen Familien Perspektiven eröffnen, aus denen hervorgeht, dass sie nicht nur geduldet, sondern auch gewünscht sind. »An der Stelle ist wirklich die entscheidende Frage, wie es gelingen kann, sakramentale Gemeinschaft zu begründen.«

» Wir wissen alle, dass es einen Unterschied gibt zwischen der pastoralen Praxis und den kirchenrechtlichen Bestimmungen, sodass auch viele konfessionsverbindende Familien Wege gefunden haben, Orte gefunden haben, wo sie in Gemeinschaft ökumenisch leben können. Das ist aber letztlich keine Lösung, weil wir nach offiziellen Wegen suchen müssen, dass es nicht nur in geduldeter Weise, sondern auch gewünschter Weise miteinander gut geschehen könnte.«

Dorothea Sattler, Direktorin des Ökumenischen Instituts an der Universität Münster

Scheidung am Tisch des Herrn?

Jörg und Beate Beyer aus Derendingen sind skeptisch. »Auch wenn die Zeit nicht reif für ein Herrenmahl ist«, sagt die Religionslehrerin, »die Gastfreundschaft wäre das Mindeste und ist längst angesagt. Eine offene Einladung in der Eucharistiefeier, das wünsche ich mir.« Manchmal, so erzählt die 49-Jährige, überkommt sie die Frage, was passieren würde, wenn man ihrem Mann in der katholischen Kirche die Kommunion verweigerte.

Sie würde sich schämen für ihre Kirche. Jörg Beyer kommuniziert mittlerweile – fast selbstverständlich – in einer katholischen Messe. Seine persönlichen Gründe hat er sogar dem Präsidenten des Päpstlichen Rates zur Förderung der Einheit der Christen, Kurienkardinal Walter Kasper, vorgebracht und ist bei ihm auf Verständnis gestoßen. »Wie sollen wir sagen: Wir laden zu Jesus Christus ein, wenn wir am Tisch des Herrn die Scheidung praktizieren? Und gerade in konfessionsverschiedenen Ehen ist es die Ehescheidung am Tisch des Herrn. Das ist absurd!« Jörg Beyer greift immer wieder zu dieser Formulierung, ob in Gesprächsrunden oder Zeitschriftenartikeln. Er will nicht provozieren, aber er ist Überzeugungstäter und möchte mit seiner Aussage aufrütteln und den Verantwortlichen in beiden Kirchen vor Augen halten, wie allein sie die katholisch-evangelischen Ehen und ihre Familien lassen. Das hinterlässt Spuren, Wunden, die von den Kirchen kaum verbunden, geschweige denn geheilt werden. Jörg Beyer hat bei vielen Familien Verzweiflung erlebt. So kann Jesus seine befreiende und einheitsstiftende Botschaft nicht gemeint haben. Er und seine Frau haben deshalb vor zehn Jahren das »Netzwerk Ökumene« mitbegründet. Eine bundesweite Gemeinschaft für konfessionsverbindende Paare und Familien. Keine Riesenorganisation, die auf Mitgliederjagd geht, sondern miteinander vernetzen möchte: »Das heißt, dass wir auf der einen Seite engagierte Paare oder Initiativen aufgreifen. Auf der anderen Seite stehen wir in Kontakt mit Wissenschaftlern, Theologen, Kirchenleitungen und Bischöfen. Wir wollen die Erfahrungsebenen miteinander verknüpfen. Damit tragen wir zur Lebendigkeit und der Zukunft der Kirche bei.«

Dorothea Sattler kennt das Netzwerk und schätzt

sein Engagement. Auch sie bejaht die Notwendigkeit solcher Initiativen. Trotzdem bleibt die 49-Jährige realistisch: »Diese Familien halten sehr viel aus und sie sind ein Ort, wo diese Wunde besonders spürbar wird. Dennoch wäre es nicht angemessen, zu versprechen, dass sich bald an dieser Stelle Entscheidendes ändern könnte.«

Einen Stand hat das »Netzwerk Ökumene« seit seiner Gründung auf jedem evangelischen Kirchentag und jedem Katholikentag. Beim zweiten Ökumenischen Kirchentag ist das Leitungsteam mit dabei, wirbt für seine Idee der konfessionsverbindenden Ökumene und leistet Überzeugungsarbeit. Beate Beyer hofft, dass es nicht wie beim ersten Ökumenischen Kirchentag 2003 in Berlin zu einem theologischen Eklat kommt. »Solange die Amtsfrage nicht geklärt ist«, sagt Beate Beyer, »ist es nur provokant und kontraproduktiv, das gemeinsame Abendmahl feiern zu wollen.«

»Ökumene braucht Zeit und viel Gewöhnung«

Auf der Rückseite des Einkaufszentrums in München-Riem, nur wenige Schritte vom Messeareal entfernt, wo der Ökumenische Kirchentag mehrere Hallen mit Besuchern füllen wird, werden die evangelische Sophienkirche und die katholische Kirche St. Florian sichtbar. Beide wurden als ein Ökumenezentrum konzipiert und im Mai 2005 eingeweiht. Die Gemeinden teilen sich Innenhöfe und den Glockenturm. Gegen den Trubel und die Lautstärke schützt eine weiß getünchte Ziegelmauer: eine Oase und ein Ruhepol inmitten der Geschäftigkeit. »Für viele Menschen sind wir hier ein ökumenisches Zentrum und sie sind erstaunt, zwei Kirchen vorzufinden«, sagt Ulrike Feher, Pfarrerin in der Sophienkirche. Die Bewohner des neuen Stadtteils Messestadt-Riem kommen aus allen Bundesländern und vielen anderen Staaten und sind häufig ohne kirchliche Tradition aufgewachsen. In der Messestadt wollen sie sesshaft werden, versuchen ein Heimatgefühl zu entwickeln: »Die Erwartungshaltung ist deshalb auch an uns, alles gemeinsam zu machen und ökumenisch. Aber so weit sind wir noch nicht.« Ulrike Feher liebt ihre Arbeit. Hier hat sie die Möglichkeit, Neues auszuprobieren, neue Gottesdienstformen zu feiern. Sie hat sich bewusst auf diese Pfarrstelle beworben, auf eine Gemeinde im Wachsen: »Es gibt nicht so viele Gemeinden in der bayerischen Landeskirche, die wirklich von unten ganz neu aufgebaut werden müssen. Darin liegt für mich eine große Chance.« Auch Elisabeth Stanggassinger, die katholische Kollegin und Gemeindereferentin, hat sich nach einem Sabbatjahr, einer Auszeit, für diese Stelle entschieden. Das Ökumenezentrum ist für die evangelische und katholische Seite ein Prestige- und Vorzeigeprojekt, nicht nur architektonisch. Für die hauptamtlichen Mitarbeiter und Mitarbeiterinnen bedeutet das, manchen Druck auszuhalten und bestimmten Erwartungen gerecht zu werden. Ökumene ist zwar von der bayerischen Landeskirche und der Erzdiözese München und Freising gewollt, sogar gewünscht, aber sie sollte stets auf dem Boden von offiziellen Verlautbarungen stattfinden. Ökumenische Experimente, die mit der Lehre kollidieren, wie in vielen anderen Pfarreien, sind in München-Riem ausgeschlossen. Gleichzeitig zieht das Ökumenezentrum gerade Paare und Familien an, die aus unterschiedlichen Glaubenstraditionen stammen. Allein die Bezeichnung weckt die Hoffnung, dass hier ein neuer Weg gelebt wird. So ist Enttäuschung vorprogrammiert. Klar gibt es ökumenische Gottesdienstfeiern, Gebete, Schulgottesdienste, ein ökumenisches Gemeindefest und einen ökumenischen Kreuzweg. Selbst ökumenische Dienstgespräche finden bei den Hauptamtlichen statt. Und auch die Gottesdienstzeiten sind so abgestimmt, dass sie sich nicht überschneiden. Trotzdem hört Elisabeth Stanggassinger immer wieder die Frage: Warum können wir nicht gemeinsam Eucharistie oder Abendmahl feiern, wenn wir so dicht beieinander sind? »Der größte Schmerz ist da, wenn beide im katholischen Gottesdienst sind, dass der eine im Grunde nicht mit an den Tisch gehen kann. Das empfinde ich selber als Schmerz, wenn ich es nur anschauen muss.« Das Leid Betroffener geht an der Gemeindereferentin nicht spurlos vorüber. Doch eine Einheit, die die Vielfalt der Traditionen und Erfahrungen außen vor lässt, lehnt Elisabeth Stanggassinger ab: »Wenn die Kirchen jemals ein endgültiges Zueinander finden, dann wäre es für mich ganz wichtig, dass die verschiedenen Traditionswege nicht abgeschnitten werden, zugunsten eines Konglomerats, wo keiner mehr daheim ist.«

Ökumene braucht gemeinsame Erfahrung

Brigitte Zauft engagiert sich als Mitglied im Kirchenvorstand der Sophienkirche, ist Lektorin und gestaltet Gottesdienste ohne Abendmahl. Die 72-Jährige ist ökumeneerfahren, aber nicht entmutigt, trotz vieler Unkenrufe: »Wir Christen sollten uns nicht darauf besinnen, was anders ist oder was nicht so läuft, wie es uns gefällt. Stattdessen sollten wir uns auf unsere gemeinsamen Wurzeln besinnen. Ökumene braucht viel Zeit und viel

Gewöhnung.« Die rüstige Seniorin versprüht Elan und Tatendrang. Stillsitzen und die anderen machen lassen, das ist ihr zu wenig: »Man muss Ökumene praktizieren. Ich denke, Diapraxis ist das, was wir machen müssen.« Brigitte Zauft ist begeistert, wenn sie über »Diapraxis« spricht. Ein Wort, das zum Ausdruck bringt, was ihr am Herzen liegt: Ökumene wird nur dann lebendig, wenn man nicht nur über sie spricht, sondern sie im Alltag praktiziert und gestaltet. Ihr jüngstes Projekt heißt: Lernbegleitung. Gemeinsam mit einer katholischen Bekannten hat sie 18 – meist ältere – Helferinnen und Helfer mobilisiert, die sich um Kinder nach der Schule kümmern. Mit ihnen machen sie Hausaufgaben und haben mindestens zwei Stunden Zeit für sie, vier Mal in der Woche. Ehrenamtlich versteht sich. »Unsere Gemeinden haben uns diese Projektarbeit finanziell ermöglicht. Das finde ich gut. Denn christliche Kirchen sollten sich generell einbringen. Wir haben ganz viele Muslime in unserem Stadtteil und viele Kinder, die arm sind.«

Im gemeinsamen Handeln der Konfessionen sieht die Professorin für Dogmatik, Dorothea Sattler, die Grundlage für die Ökumene und eine Voraussetzung, glaubwürdig das Christus-Bekenntnis zu leben. »Versöhnte Einheit in Verschiedenheit«, nennt sie das. »Meine Grunderfahrung ist, dass sehr viel mehr möglich wäre an gemeinsamer Praxis, als faktisch geschieht. Ein gutes Beispiel ist die Diakonie, wo schon etliches passiert und noch mehr ökumenisch getragen werden könnte: Man gestaltet schon jetzt für arme und mit armen Menschen das Leben. Trägt dafür Sorge, dass ihr Leben erträglicher wird, wie es in der Hospizarbeit zu beobachten ist.« Künftig werden die Kirchen noch stärker über ihr ökumenisches Handeln nachdenken müssen. Denn um gesellschaftlich relevant wahrgenommen zu werden, können es sich die Kirchen nicht leisten, mit mehreren und vor allem unterschiedlichen Zungen zu sprechen. Das betrifft die Sterbebegleitung genauso wie die embryonale Stammzellenforschung oder den konfessionellen Religionsunterricht.

»Ich spiele etwas Klavier und komme bei den Herrschaften gut an«

Kirchen können zusammenwachsen, ohne ihre Eigenheiten und Traditionen aufzugeben. Ein Ort, an dem Unterschiede ernst genommen werden, ist das katholische Alten- und Pflegeheim Vinzentinum. Durch eine hohe Mauer von der mehrspurigen Straße getrennt, steht den Bewohnern mitten in München ein großer, gepflegter Garten mit Springbrunnen und eine kleine Cafeteria nebenan zur Verfügung. An diesem Nachmittag im August brennt die Sonne unbarmherzig vom Himmel: Die Luft steht still. Das Atmen fällt schwer. Für viele pflegebedürftige und bettlägrige Patienten ist ein solcher Tag mehr eine Last als eine Freude. Barbara Wilkens geht in der Cafeteria auf eine Frau im Rollstuhl zu und umfasst ihre Schulter. Sie erkundigt sich nach dem Befinden, will wissen, wie es der kranken Tochter ergeht. Die Pfarrerin ist hauptberuflich in der Altenseelsorge tätig. »Immer da, wo Menschen an ihr elementares Leben drankommen, sei es durch Alter oder durch Krankheit, darf man nicht mehr trennen in katholisch oder evangelisch. Wir machen Angebote und wenn es passt, dann geht es um Elementares im Glauben und weniger um Konfessionsunterschiede.« Begegnungen zu ermöglichen, daran liegt der 63-Jährigen viel, darin drückt sich Ökumene aus. Gemeinsam mit Herrmann Eilermann, einem katholischen Pastoralreferenten im Ruhestand, bildet sie ehrenamtliche Gesprächsbegleiter für Senioren aus. Auch wenn die Konfession nicht im Vordergrund steht und es sich für beide Theologen verbietet, alten oder sterbenden Menschen Glaubensüberzeugungen aufzudrängen, ist ein bestimmtes Bewusstsein notwendig, erklärt Herrmann Eilermann, »ob mein Gegenüber nun katholisch oder evangelisch ist, ob er irgendwo zwischen beiden Konfessionen steht oder ob er ein Suchender ist. Das sind dann die Haken, wo sie sich dranhängen mit ihrer Lebensgeschichte, mit ihren positiven oder negativen Erfahrungen«.

Die Idee mit den ökumenischen Gesprächsbegleitern entwickelte sich allmählich. Immer wieder wurde Barbara Wilkens von Ehrenamtlichen gefragt, wie sie mit religiösen Fragen von Patienten umgehen sollen. Religion ist für den Besuchsdienst ein wichtiges Thema, betont Herrmann Eilermann, der auch selbst in der Altenseelsorge tätig war. »Ein Kreuz oder ein Konfirmationsspruch über dem Bett kann eine Brücke zum Gespräch sein.«

» Immer da, wo Menschen an ihr elementares Leben drankommen, sei es durch Alter oder durch Krankheit, darf man nicht mehr trennen in katholisch oder evangelisch. Wir machen Angebote und wenn es passt, dann geht es um Elementares im Glauben und weniger um Konfessionsunterschiede.«

Barbara Wilkens, Pfarrerin

Die Gemeinden wollen Ökumene als Entlastung erfahren und nicht als Belastung

Rosmarie Eisenkolb kommt seit 15 Jahren einmal in der Woche ins Vinzentinum, am Samstag oder Sonntag. Ihre Zeit teilt sich die berufstätige Frau genau ein. Den Antrieb dazu gibt ihr der Glaube: »Es ist für mich ein Glück, gläubig zu sein und dann für andere da zu sein, aber nicht missionarisch. Ich gehe auch ohne bestimmte Erwartungen in ein Zimmer hinein.« Um ihren Hals trägt die 54-Jährige eine Kette mit einem goldenen Kreuz. Die Katholikin engagiert sich auch in ihrer Pfarrgemeinde, macht Exerzitien im Alltag und bietet ökumenische Stadtteilführungen an. Wichtig sind ihr die gemeinsame Hoffnung und der gemeinsame christliche Ursprung, dazwischen sollten sich alle Gläubigen frei bewegen können. »Ich finde«, sagt Rosmarie Eisenkolb und streicht sich eine braune Haarlocke aus dem Gesicht, »gewisse Trennungen zwischen den christlichen Kirchen sind nicht mehr relevant in unserer Zeit oder auch nicht wichtig, weil wir andere Aufgaben haben, als Trennungen zu pflegen.«

An der Basis wächst das Unverständnis über das Vorgehen der Kirchenleitungen. Christinnen und Christen wollen keine Lippenbekenntnisse hören, wollen nicht an der Eiszeit in der Ökumene erfrieren. Manche haben den Kirchen deshalb enttäuscht den Rücken gekehrt, sind ausgetreten oder innerlich emigriert. Die ständige Betonung der Unterschiede hat sie zermürbt, genauso wie das Festhalten an bestimmten Lehrmeinungen. Das engt den Platz für die Menschen und ihre Nöte ein, umso mehr für eine ökumenische Vision. Die Gemeinden wollen Ökumene als Entlastung erfahren und nicht als Belastung, das bestätigt auch Dorothea Sattler.

»Doch gerade im Bereich der institutionellen Form der Kirchen erleben wir mehr und mehr einen Hang zum Beharren auf der eigenen Position. Wir bräuchten, weltweit, aber auch in Deutschland, diese Visionärinnen und Visionäre, die zwischen Wichtigem und weniger Wichtigem unterscheiden.«

Erinnerung ermöglicht Versöhnung

Vor allem Jugendliche haben eine hohe Sensibilität und stören sich daran, wenn Institutionen und Ämter im Mittelpunkt stehen und nicht der Inhalt oder das Engagement im Sinne Jesu für eine versöhnte und friedvolle Welt.

»Wie kann man so etwas überhaupt mit seinem Gewissen vereinbaren?« Jannick ist fassungslos. Der Gymnasiast aus dem schwäbischen Isny hat sich die Führung nicht so furchtbar vorgestellt. Der 14-Jährige ist zum ersten Mal in der KZ-Gedenkstätte in Dachau, gemeinsam mit der Schule. Seine Klassenkameradin Sandra Maria kämpft mit Tränen in den Augen: »Ich bin schon wütend, wie man so mit Menschen umgehen kann. Ich war vor Kurzem in Auschwitz, das ist ein reines Vernichtungslager.« Die Schulklasse betritt der Reihe nach eine Baracke. Es ist eng. Die Stockbetten aus Holz geben nur einen äußeren Eindruck vom Alltag der zum Tode geweihten Häftlinge wieder. Draußen am ehemaligen Appellplatz beginnt es zu tröpfeln.

»Die Chance für den Glauben ist hier nicht unbedingt vorhanden, es ist eher eine Gefahr. Die Schüler fragen: Warum hat Gott dies zugelassen? In diesem Gespräch, in diesem Zulassen der Frage, steckt Freiheit. Aber erst einmal ist es eine Gefahr.« Die katholische Religionslehrerin Petra Loss-Schramm hat den Besuch in der KZ-Gedenkstätte mit ihren evangelischen und katholischen Kollegen als ökumenisches Projekt geplant. »Wir haben gesagt: Wir machen es, weil wir dies auch im Gebet und in unserem Glauben mittragen. Für die Schüler setzen wir so ein Beispiel, dass der Kirche diese Erinnerung ein wichtiges Moment ist und Versöhnung auf den Weg gebracht werden muss.« Die Führungen werden von Seelsorgern der beiden christlichen Kirchen geleistet. Ihre Büros liegen auf dem Gelände des ehemaligen Konzentrationslagers. Immer wieder werden die Besucher mit der quälenden Frage konfrontiert: Wie konnten Menschen ihren Mitmenschen so viel Leid antun? »Welches Bild vom Menschen müssen wir heute pflegen, uns bewusst vornehmen und auch bewusst machen, damit so etwas nicht wieder passiert?«, fragt Pastoralreferent Ludwig Schmidinger die Schülerinnen und Schüler bei der abschließenden Andacht in der evangelischen Versöhnungskapelle.

»Hier macht es wenig Sinn, nach konfessionellen Spezialitäten zu fragen«

Die Gedenkstätte ist beim Ökumenischen Kirchentag in München ein thematisches Zentrum. Täglich sind hier mehrere Veranstaltungen geplant: Gottesdienste, Bibelarbeit und Vorträge, die alle das Leid der Opfer und die Rolle der Kirchen im Nationalsozialismus aufgreifen. Bereits ein Jahr vor dem großen Glaubensfest hat die evangelische Landeskirche in Dachau eine zusätzliche Vikarstelle eingerichtet, mit dem Schwerpunkt Ökumene. »An diesem Ort ist es wichtig, dass wir als Kirchen gelernt haben: Für die Menschen, die hierherkommen, ist nicht entscheidend, ob sie katholisch, evangelisch oder freikirchlich geprägt sind. Sondern hier will man sich mit seinem Gott auseinandersetzen oder ihn fragen: Wo warst du, Gott? Und da spielt Konfession keine Rolle.« Klaus Schultz, evangelischer Diakon in der Versöhnungskirche, blickt nachdenklich nach oben. An einem Ort wie diesem scheinen manche Kontroversen weit weg zu sein. Ja, sie kommen einem gar nicht erst in den Sinn beim Anblick der beiden Verbrennungsöfen, dem Schicksal der Ermordeten und Geschundenen. Der Impuls, der von der Gedenkstätte Dachau für die Ökumene ausgehen kann, setzt tiefer, existenzieller an: »Wir haben einen Gott, an den wir die gleichen Fragen stellen, den wir um die gleichen Dinge bitten und uns bei ihm bedanken.« Ludwig Schmidinger, Bischöflicher Beauftragter für die KZ-Gedenkstättenarbeit in der Erzdiözese München und Freising, sieht es ähnlich. An diesem besonderen Ort geht es nicht um einen Glauben, der sich konfessionell auseinanderdividieren lässt. »Bei den Fragen und Themen, die hier im Vordergrund stehen, macht es wenig Sinn, nach konfessionellen Spezialitäten zu fragen.«

> »An diesem Ort ist es wichtig, dass wir als Kirchen gelernt haben: Für die Menschen, die hierherkommen, ist nicht entscheidend, ob sie katholisch, evangelisch oder freikirchlich geprägt sind. Sondern hier will man sich mit seinem Gott auseinandersetzen oder ihn fragen: Wo warst du, Gott? Und da spielt Konfession keine Rolle.«
>
> *Klaus Schultz, Diakon*

Es ist Mittag geworden. Die Führung neigt sich dem Ende zu. Sichtlich erschöpft sitzen die Schüler in der Versöhnungskirche und hören auf die Lesung aus der Bibel und den geistlichen Impuls. Die Religionslehrerin

Petra Loos-Schramm wird auch im kommenden Schuljahr wieder mit den neunten Klassen nach Dachau fahren. »Natürlich haben die katholische und die evangelische Kirche innerhalb der NS-Zeit unterschiedliche Positionen bezogen, die werden hier auch offen dargestellt. Aber seit vielen Jahren gehen die Kirchen einen gemeinsamen Weg der Versöhnung und der Erinnerung. Und von daher scheint es auch keinen anderen Weg zu geben, als diesen Weg ökumenisch zu gehen.«

Jugend und Ökumene

Ihre Stimmen und ihr Lachen sind schon von Weitem zu hören. Der Geruch von gegrilltem Fleisch führt direkt in den großen Garten der Friedenskirche. Die evangelische Gemeinde liegt etwas abseits einer Hauptverkehrsader, die durch den Münchner Osten führt. Unter einem verglasten Pavillon sitzen etwa zwanzig Jugendliche auf Bierbänken und planen ihre nächsten Aktionen. Plakate für ein Rockkonzert machen die Runde, das Interesse für ein Winterwochenende auf einer Berghütte wird abgefragt. Alle sind begeistert, auch wenn der Schnee im August noch weit weg ist. Mit dabei Katrin Fecher und Judith Ammend. Beide sind hauptamtlich für die Jugend im Osten der Landeshauptstadt zuständig: Katrin für die katholische, Judith für die evangelische Seite. Sie kennen sich seit gut einem Jahr. Gemeinsam wollen und sollen sie Jugendliche motivieren, am Ökumenischen Kirchentag teilzunehmen und sich in Projekten einzubringen. Alle zwei Monate kommen sie zusammen und mit ihnen kirchlich organisierte und engagierte Jugendliche zwischen 15 und 23 Jahren. Bei den ersten Begegnungen, erzählt Katrin, wollten sich die Jugendlichen beschnuppern und kennenlernen, waren neugierig aufeinander. Welche Strukturen, wer entscheidet, wer wird von wem gewählt? Mittlerweile sind sie zu einer echten ökumenischen Gruppe zusammengewachsen. Selbst die Liebe kennt keine Grenzen, es gibt die ersten ökumenisch Verliebten. »Meine Jugendlichen sind katholisch und wollen sich in einem Verband engagieren. Sie kommen und sagen: ›Schauen wir uns mal an, welche Projekte cool sind.‹ Jetzt ist es der Ökumenische Kirchentag. Für die Jugendlichen ein großes Event. Bei so einem Fest möchte man gerne dabei sein. Und wenn man dann noch neue Leute kennenlernen kann, die zudem anders sind, weil evangelisch, dann steigen die meisten mit ein.« Wenn Katrin redet, dann springt der Funke über, sie sprüht förmlich vor Kraft, ist ansteckend mit ihrer guten Laune. So macht Ökumene Spaß. Ökumene? Die meisten Jugendlichen interessieren sich nicht für die Abendmahlsfrage und denken nicht über das Amt in der Sukzession nach. Auch Tobi nicht. Den 18-jährigen Schüler und ehrenamtlichen Vertreter der evangelischen Jugend in München langweilen diese Themen: »Ich finde es ermüdend, weil immer dasselbe kommt und weil es immer auf einer Ebene stattfindet, wo nichts weitergeht. Es sind immer dieselben Leute, die darüber diskutieren, und es sind immer dieselben Themen. Langweilig.« Ökumene heißt für Tobi: Gutes Zusammenleben der Konfessionen, gemeinsam Freude am Leben haben.

Sara, die seit gut zehn Jahren im Bund deutscher katholischer Jugend (BDKJ) mit dabei ist, hat kein Problem mit dem Wort »Ökumene«. Sie verbindet damit Gemeinschaft: »Die Frage ist, ob wir uns wirklich so viel voneinander unterscheiden. Ich glaube, wir sind eher zufällig evangelisch oder katholisch, weil unsere

Eltern uns so erzogen haben. Aber die Werte, die wir mitbekommen haben, die unterscheiden sich nicht großartig, egal ob da jetzt evangelisch oder katholisch auf der Verpackung draufsteht.« Dass sie gerade jetzt im Vorfeld des Ökumenischen Kirchentages ständig gefragt wird, ob sie nun evangelisch oder katholisch sei, stört sie gewaltig: »Da werden künstlich zwei Lager stilisiert, die es so nirgendwo gibt.«

» Die Jugendlichen leben nicht ökumenisch in ihrer Jugend-Verbandsarbeit, aber sie leben in der Welt und da ist es eigentlich egal, ob man katholisch oder evangelisch ist. Man ist da einfach schon froh, wenn man Menschen trifft, die sich überhaupt christlich engagieren. Ich glaube, dass die Jugendlichen sehr stark davon träumen, dass die Kirchen zusammengehen.«
Ruth Huber, Pastoralreferentin

In der Tat, sagt Ruth Huber, Pastoralreferentin und geistliche Leiterin des BDKJ in der Region München, spielt die Konfession bei Jugendlichen keine Rolle. »Die sind in ihrer Tradition aufgewachsen und darin auch irgendwie zu Hause. Wenn sie gemeinsam etwas auf die Beine bringen, sind die Unterschiede nicht der Rede wert. Aber sie sind in ihren Freundeskreisen erstaunlicherweise konfessionell gebunden.« Sie merken zunächst gar nicht, dass sie schon längst eine bestimmte religiöse Herkunft mitbringen. Sitzen dann katholische und evangelische Jungendliche an einem Tisch, kann das Gewohnte und Selbstverständliche aufbrechen, und es beginnt ein Reflexionsprozess. Doch der Teufel steckt bekanntlich im Detail, in der konkreten Gestaltung. Die jungen Menschen merken schnell, dass es gar nicht so leicht ist, miteinander Formen zu finden, die nicht im säkularen Bereich liegen. »Partys feiern kann jeder, da ist es egal, welcher Konfession man angehört.

Viel schwieriger wird es, wenn man ein Abendgebet vorbereitet. Aus welcher Bibel liest man? Aus der Einheitsübersetzung? Aus der Lutherbibel? Da merken sie ganz schnell, dass sie ein Prägung haben.« Seit Jahren begleitet Ruth Huber ehrenamtlich engagierte Jugendliche und unterstützt sie, christlicher Jugendarbeit in einer Großstadt wie München ein Gesicht zu geben. Alle großen Projekte wie »Im Einsatz gegen Rechtsextremismus«, das »Friedensgebet in Dachau« oder die »Brot-statt-Böller-Aktion« werden ökumenisch getragen, weil es glaubwürdiger ist, wenn die christliche Jugend mit einer Stimme auftritt. Und so scheint es selbstverständlich, dass die langjährige ökumenische Tradition auch beim ökumenischen Kirchentag zum Zug kommt. Judith Ammend, Regionaljugendreferentin und Diakonin in der evangelischen Kirche, betont diese Chance der Selbstfindung und des Bewusstwerdens der eigenen christlichen Glaubensstränge. »Wir sind jetzt miteinander auf dem Weg, ökumenisch auf dem Weg. Die Freude, diesen Kirchentag zusammen zu stemmen, ist groß, aber auch eine riesige Aufgabe.«

Wer als Jugendlicher im Mai 2010 zum zweiten Ökumenischen Kirchentag kommt, der kommt meist nicht allein, sondern in und mit der Gruppe. Da ist die Frage nach Zusammengehörigkeit längst geklärt. Und das tut ihnen gut, das brauchen sie, sagt die Pastoralreferentin Ruth Huber. »Die Jugendlichen leben in einer Welt, in der die Religion nicht mehr gefragt ist. Und für die meisten ist es sehr schön, überhaupt Gleichgesinnte zu treffen, die sich wie sie kirchlich engagieren.« Dieses Wir-gehören-doch-zusammen-Gefühl bleibt auch über den Kirchentag hinaus erhalten. Davon ist Ruth Huber überzeugt. Denn gerade auf dem Weg dorthin haben die Jugendlichen bereits viele positive Erfahrungen gesammelt, haben sich vernetzt, haben Freundschaften geschlossen. »Ich weiß aus Berlin, dass die Ökumene vor Ort wirklich besser geworden ist. Das erzählen mir Jugendarbeiter dort.«

Auch Tom glaubt, dass die Kontakte zwischen den Jugendlichen und den Hauptamtlichen nach dem Ökumenefest in München und der Region fortbestehen werden. Tobi sieht das ähnlich: »Bei unseren Projekten kommt etwas raus, das sieht man und spürt man. Wir gehören einfach zusammen. Da gibt es nichts Trennendes zwischen uns.«

Im Angesicht der Geschichte

Ein Streifzug durch die Geschichte der Reformation und Gegenreformation

Von Clemens Finzer

Von der Verehrung

Ein einfaches Stück Eisen, geschmiedet, etwa zwei Handbreit lang, an beiden Enden gebogen und mit Befestigungsringen versehen – es ist ein unscheinbares und unauffälliges Ding, das sich dem Besucher des Lutherhauses in Wittenberg da hinter Glas präsentiert. Bei diesem Stück Eisen handelt es sich um nichts anderes als um einen Griff von Luthers Sarg aus dem Jahr 1546. Im Besitz der Stiftung Luthergedenkstätten in Sachsen-Anhalt ist dieses Kuriosum schon seit etwa 100 Jahren. Doch dauerhaft ausgestellt wurde das eiserne Stück Geschichte erstmals 2003. Schließlich müsse man sensibel mit so etwas umgehen, erklärt Stiftungsdirektor Stefan Rhein, um die »Reliquie mit hagiografischen Zügen der Verehrung Luthers nicht allzu präsent zu halten«. Das wäre nämlich sicher nicht im Sinne des Reformators gewesen und schon gar nicht im Sinne der Reformation. Ein barock-bayerisch ausgerichteter Mensch dagegen könne diese vornehme Zurückhaltung kaum nachvollziehen, mutmaßt Rhein.

Doch genau gegen diese Art der Verehrung hatte sich Luther ja gewehrt, mit allem, was ihm zur Verfügung stand. Und was für Heilige wie Paulus und Elisabeth von Thüringen oder gar die Gottesmutter selbst nicht sein sollte, das darf schon gar nicht für den gelten, der sich selbst als »armen stinkenden Madensack« bezeichnet hat. Ein übertriebener Heiligenkult, verbunden mit einer maßlosen Ablasspraxis, war ja die Ursache jenes leidenschaftlichen Protestes Luthers gegen seine katholische Kirche und den Papst im Jahr 1517, der die Geburtsstunde der Reformation markiert. Damals nagelte der Mönch Martin Luther der Überlieferung zufolge seine 95 Thesen an die Türe der Schlosskirche in Wittenberg, vom Schwarzen Kloster der Augustiner-Eremiten aus gesehen nur wenige Hundert Meter am anderen Ende der Stadt gelegen. Heute sind diese Thesen eingeschnitzt in das Holz der Kirchentür. Längst bietet die Pforte keinen offiziellen Zugang mehr zur Kirche und ist hinter Gittern vor dem Zugriff der Reformationspilger geschützt.

Es war der Vorabend von Allerheiligen 1517, als Luther seine Thesen an die Türe der Schlosskirche hämmerte, die zugleich auch Universitätskirche war. Er tat das in guter Tradition, denn Dozenten der *Alma Mater* nutzten häufiger diesen Ort als »Schwarzes Brett«, um ihre Ideen und Gedanken einer breiteren Öffentlichkeit vorzustellen. Das Datum hatte Luther bewusst gewählt, denn der erste November ist der katholische Festtag zu Ehren aller Heiligen und damit der Höhepunkt der Präsentation des »Wittenberger Heilstums«. An diesem Tag wurde diese einzigartige Sammlung, die aus nicht weniger als 19013 Reliquien bestand, den Gläubigen gegen ein kleines Eintrittsgeld gezeigt. Darunter sollen sich beispielsweise ein Dorn aus der Dornenkrone Jesu oder ein Daumen der heiligen Anna, also der Mutter Mariens, befunden haben. Erworben hatte das Heilstum der kursächsische Landesherr Friedrich der Weise (1463–1525) während einer Pilgerreise ins Heilige Land. Da die Hauptstadt seines mächtigen und einflussreichen Territoriums aber Wittenberg war und sein Amtssitz das Schloss, wurden dort natürlich die Reliquien in der neu gebauten Schlosskirche zur Schau gestellt.

Für den Kurfürsten, aber auch die Gläubigen eine lohnende Angelegenheit. Denn 1503 war die Wittenberger Schlosskirche bei ihrer Einweihung mit einem Ablassquantum von 100 Tagen je Kirchenbesuch und Reliquie bedacht worden. Ein Pilger konnte also bei einem Besuch der Kirche und der Schau des Reliquienschatzes fast zwei Millionen Jahre Nachlass von Sündenstrafen für sich oder seine toten Angehörigen im Fegefeuer erwirken. Den Eintritt, den er dafür an der Kirchentüre bezahlen musste, stand dazu in keinem Verhältnis. Wer wollte es Luther verdenken, dass er sich gegen diesen Irrsinn auflehnte. Auch den Päpsten in Rom war der sich verselbstständigende Ablasshandel längst unheimlich geworden. Doch ernsthaft unternommen haben sie dagegen nichts. So konnten Ablassprediger und Ablasshändler weiter ungehindert ihr Unwesen treiben.

Zugrunde liegt dieser Praxis das damals gängige katholische Verständnis vom Sakrament der Buße und des Jenseits. Gott hat den Menschen durch die Taufe mit sich versöhnt und ihn von der Sünde befreit, d. h. ihn in den Stand der Gnade erhoben. Wer nun sündigt und schuldig wird, verliert diese Gnade. Aber er kann sie zurückgewinnen, indem er ernsthaft bereut, in der Beichte seine Fehler bekennt und danach Buße tut, also betet, fastet oder Almosen gibt. Die mittelalterliche Theologie unterschied dabei zwischen Schuld und Strafe. Nur Gott konnte die Schuld vergeben; die Strafe, sprich Buße aber konnte von der Kirche auferlegt und erlassen werden. Die Buße diente dazu, die Folgen der Sünden abzumildern oder sogar wieder gutzumachen, soweit das ging. Die von vielfältigen Ängsten geplagten mittelalterlichen Menschen hatten die Sorge, dass sie vor einer Beichte oder vor der Verrichtung der Buße sterben könnten. Denn dann nahm der Mensch dieses Strafkonto mit ins Jenseits und musste dafür so lange im Fegefeuer büßen, bis seine Sündenschuld beglichen und vergeben war, so die Vorstellung. Die Lebenszeit war kurz, ein plötzlicher Tod allgegenwärtig. Das nutzten clevere Menschen aus und boten mit kirchlichem Segen gleich eine kompetente Lösung an: Geld statt Buße, hieß es knapp und damit konnte schon jetzt diese zukünftige »Hölle auf Zeit« verkürzt werden. Erst galt dieses Angebot nur in christlicher Solidarität für andere Verstorbene, schließlich aber auch für einen selbst. Kurz gesagt: »Wenn das Geld im Kasten klingt, die Seele aus dem Feuer springt.«

Erwerben konnte man diese Ablässe zu besonderen Ereignissen, beispielsweise während eines heiligen Jahres oder auch an besonderen Orten, wie etwa in Rom, Jerusalem oder Santiago. Auch von Martin Luther ist überliefert, dass er nach Rom gepilgert ist und dort Ablässe für die Verstorbenen seiner Familie erwirkt hat. Die Geldnot der Fürsten und des Papstes ließen aus dem Ablasshandel allmählich ein Geschäft werden. Und statt zu den bedeutenden Orten und heiligen Plätzen in weiter Ferne zu pilgern, erfreuten sich zu Luthers Zeiten auch die nahe liegenden Wallfahrtsorte und regionalen Heilstümer wie das in Wittenberg einer wachsenden Bedeutung und erregten die Aufmerksamkeit von Ablasshändlern und Pilgern.

Doch von der Anziehungskraft des inzwischen aufgelösten und verloren gegangenen Wittenberger Heilstums lässt sich heute kaum noch etwas erahnen in der Schlosskirche. Sie wurde am Ende des 19. Jahrhunderts grundlegend nach preußischen Vorstellungen restauriert. So ist dort heute die enge Vermählung von Thron und Altar allerorten sichtbar. Sei es im Kurfürstengestühl mit Kaiserthron oder in den Statuen der wichtigsten Reformatoren, die wie Heiligenfiguren von den Säulen herabblicken, oder in den zahlreichen Wappen protestantischer Städte und Herrschergeschlechter in Fenstern und Emporen: Nichts wurde bei der Umgestaltung dem Zufall überlassen und die Kirche zur Programmkirche des deutschen, sprich preußischen Protestantismus erhoben. Für Stefan Rhein von der Lutherstiftung ist die Schlosskirche daher mehr ein Reformationsdenkmal als ein Gottesdienstraum. »Das möchte die Evangelische Kirche in Deutschland (EKD) ändern«, sagt Rhein. Und er weiß von »sehr ernsthaften Plänen«, die Kirche zu übernehmen und sie zu einem »Leuchtturm des deutschen Protestantismus« zu profilieren. Die vielen Besucher der Schlosskirche nehmen es mit Staunen zur Kenntnis. Für die meisten ist es – wie es vielleicht auch für Luther selbst wäre – zu viel Brimborium und Glorifizierung einer Stiftergestalt, die genau diese Verehrung (s)einer Person vermeiden wollte.

Dabei hat Luther es schon zu Lebzeiten zugelassen, dass man ihm eine Art Guru-Status zugestand. So schrieben Schüler und Studenten seine Reden nieder. Eine ihm als Dozenten durchaus vertraute Sache. Doch das geschah nicht im Hörsaal, sondern bei oder nach Tisch in Luthers Stube. Gott sei Dank, sagen wir heute, denn es sind genau diese Tischreden wie auch einige Briefe, die den großen Reformator menschlich erscheinen lassen. Wohnlich ist diese Stube allemal mit ihrem herrschaftlich anmutenden Keramikofen, den bemalten Vertäfelungen an Wand und Decke und den hölzernen Sitzbänken rundum, die ausreichend Platz boten für 20 bis 30 Zuhörer und Gäste. Wer heute diese Lutherstube betritt, fühlt sich wohl, spürt etwas von der Wärme und Geborgenheit, die nicht nur der Ofen oder die durch die Butzenscheiben dringende Sonne verbreiten. Hier kann man Martin Luther geradezu reden hören und seine Zuhörer sehen, wie sie ihm lauschen und das eine oder andere Wort eifrig notieren. Kaum vorstellbar, dass das auch mit Kalkül und aus reinem Geschäftssinn geschehen konnte. Denn wer den großen Reformator hören wollte, war entweder Gast oder er musste dafür bezahlen. Ein ganz normales Geschäft, denn damals wie heute mussten Studenten Studiengebühren entrichten. Im Falle Luther hatte das aber eine besondere Note: Die Studenten hörten den großen Reformator nicht nur in seiner Stube reden, sondern sie lebten mit ihm und seiner Familie unter einem Dach. Dafür hatte Luthers Frau, Katharina von Bora, gesorgt. Nachdem Kurfürst Friedrich der Weise Luther das Kloster seines ehemaligen Ordens in Wittenberg geschenkt hatte, machte sich die als Powerfrau charakterisierte Katharina daran, dieses grundlegend umzugestalten. Schließlich finden dort nicht nur die Familie Luther mit ihren späteren sechs Kindern eine Bleibe, sondern auch bis zu vierzig Studenten, Doktoranden, Verwandte, Freunde und Mitstreiter der Reformation. Katharina hatte ein System errichtet, bei dem sogenannte *Seniores* das Studiengeld der Studenten einsammeln und an sie abliefern mussten. »Es gab Seniores«, fügt Stefan Rhein schmunzelnd an, »die haben nie wieder das Haus betreten, denn mit Katharina von Bora zu rechnen, war nicht einfach.«

Umso merkwürdiger mutet es dem Besucher der Lutherstube an, dass dieser kleine Tisch mit den Ausmaßen von vielleicht einmal einem Meter zum Mittelpunkt der Gespräche und Diskussionen avancierte.

Denn essen konnten daran nur wenige Menschen, doch als Zentrum der Kommunikation diente er allemal.

» Von je weiter weg die Leute kommen, vor allem aus den USA, aus Afrika oder Korea, umso ergriffener sind die Menschen von diesem Ort. Da kann es schon mal passieren, dass eine amerikanische Gruppe einen Choral singt und den Raum zum Gottesdienstraum erweitert. Diese Pilger in der Lutherstube gibt es auch.«

Stefan Rhein, Stiftungsdirektor Luthergedenkstätten in Sachsen-Anhalt

Schwere rote Kordeln und kleine Messingstützen weisen den Weg durch diesen Raum und lassen dabei dem Besucher der Lutherstube gerade so viel Platz, dass er mit ausgestrecktem Arm den berühmten Luthertisch berühren kann. Der Tisch sei noch original, sagt Stefan Rhein, doch musste er im Laufe der Jahrhunderte an seinen Rändern mit Holzleisten verstärkt werden. Allzu viele Luther-Verehrer wollten offenbar ein kleines Stückchen Holz als Souvenir mit nach Hause nehmen. Gleichsam wie der Fuß der Petrusstatue im Petersdom zu Rom hat der Tisch seine Konturen nach und nach verloren und musste schließlich ausgebessert werden. Es gebe zwei Typen von Besuchern dieser Stube, erklärt Stiftungsdirektor Rhein. »Da sind die kulturhistorisch Interessierten. Für sie ist das ein ganz entscheidender Ort deutscher und europäischer Geschichte. Sie informieren sich, bestaunen einen der letzten authentischen Lutherorte und nehmen es als kulturhistorischen Ausflug. Von je weiter weg die Leute kommen, vor allem aus den USA, aus Afrika oder Korea, umso ergriffener sind die Menschen von diesem Ort. Da spürt man, dass es nicht nur um Geschichte geht, sondern um die eigene Religiosität, um die Wurzeln des eigenen Glaubens. Da kann es schon mal passieren, dass eine amerikanische

Gruppe einen Choral singt und den Raum zum Gottesdienstraum erweitert. Diese Pilger in der Lutherstube gibt es auch.« Das Gedächtnis an Martin Luther und sein Wirken sei eben vielfältig und manchmal katholischer, als es vielen Protestanten lieb ist.

Wie finde ich einen gnädigen Gott?

Konkurrenz könnte die Lutherstube in ein paar Jahren vielleicht durch einen Ergänzungsbau des Museums an den Außenmauern des einstigen Lutherhauses bekommen. Denn dort stießen die Archäologen vor wenigen Jahren beinahe zufällig auf den viel beschworenen Lutherturm. Alle Anzeichen und Überlegungen lassen vermuten, dass sich hier jener Ort der Erkenntnis Luthers oder des reformatorischen Durchbruchs befand. Erhalten und freigelegt ist das Untergeschoss mit einer Toilette. Eine darüber angelegte Fußbodenheizung lässt erahnen, dass es sich wohl um mehr als nur den Abort des Hauses gehandelt haben muss. Anmerkungen in Briefen ließen den Rückschluss zu, erläutert Stefan Rhein, dass sich darüber das Arbeits- und Studierzimmer Luthers befunden hat. So heißt es einmal, dass man sich »hoch über dem Wasser befände«. Gemeint ist wohl die Elbe, die von dem Wohnturm aus auch heute noch leicht einzusehen ist und ganz nahe wirkt. »Es hat einen gewissen Reiz, sich hier die Urszene der Reformation vorzustellen«, sagt Stefan Rhein. »Dadurch wird sichtbar: Es gibt Reformation ohne Thesenanschlag und evangelische Kirche ohne den Lutherturm, das ist nicht Bedingung für das, was als Botschaft in die Welt kam.«

Wie wichtig Luther dieser Ort gewesen sein muss, lässt sich leicht belegen. Als die Südbefestigung der

Stadtmauer 1534 verstärkt werden sollte, konnte Luther beim Stadtrat erwirken, dass die acht Meter hohe Mauer um diesen Turm herumgeführt wurde. Rhein zitiert dabei Luther mit den Worten, »die wollen mir tatsächlich mein Arbeitszimmer wegreißen, von wo aus ich das Papsttum gestürmt habe«.

Was war geschehen damals in diesen Räumen? In seinen Tischreden von 1532 sind Luthers Erinnerungen so beschrieben, dass ihm der Heilige Geist die zündende Erkenntnis der Rechtfertigung alleine durch den Glauben auf *diss. Cl.* gegeben habe. Ob es sich bei dieser Abkürzung nun tatsächlich um ein »schlagartiges Befreiungserlebnis« während einer Toilettensitzung (*Cl.* für *cloaca*) handelte – Luther hatte zeitlebens Verdauungsprobleme – oder doch eher um eine Art paulinisches Damaskuserlebnis während nächtlicher Studien, ist nicht gesichert und letztlich auch nicht bedeutend. Wichtig ist vielmehr, dass Luther klar geworden ist: Die biblische Rede von der Gerechtigkeit Gottes bedeutet nicht, dass der Mensch dafür ackern muss, um vor Gott gerecht dazustehen, sondern, dass diejenigen, die an Gott glauben und auf ihn vertrauen, Gnade finden. Damit hatte Luthers jahrelanges Suchen nach einem gnädigen Gott eine Antwort gefunden. Der mittelalterlichen Vorstellung des strafenden Gottes wurde die eines liebenden entgegengestellt. Neu war das damals eigentlich nicht, aber im Bewusstsein der Menschen hatten sich Angst, Sünde, Verdammnis und Hölle ausgebreitet. Erlösung und Heil waren daher gleichbedeutend mit Leistung und Tätigkeiten.

Martin Luther war bis zu diesem reformatorischen Durchbruch im zweiten Jahrzehnt des 16. Jahrhunderts ein Suchender, auf der Suche nach einem gnädigen und gerechten Gott. Er blieb es zeitlebens ganz im Sinne des heiligen Augustinus, dem die Worte zugeschrieben werden: »Unruhig ist unser Herz, bis es Ruhe findet (Gott) in dir.« Unruhe und Angst beherrschten das Leben der Menschen in dieser Zeit. Angst vor Seuchen, Krankheiten und der Pest einerseits – Martin Luther soll zwei Brüder durch den Schwarzen Tod verloren haben –, sowie Angst vor politischen Umwälzungen andererseits – das Osmanische Reich drang immer tiefer nach Mitteleuropa vor. Dazu kamen die wirtschaftlichen Unsicherheiten um das tägliche Brot, gepaart mit den Steuerlasten durch die jeweiligen Landesherren. Die Kirche schürte diese Furcht mit der Lehre von der ewigen Verdammnis und der Hölle, wie sie in vielen Gemälden dieser Zeit dargestellt ist, beispielsweise auf den Altären des Matthias Grünewald. Dämonenfratzen und allerlei Monster der Hölle peinigen die Menschen dort, wenn sie sündhaft und ohne Buße gestorben sind. Dass das ganz schnell gehen konnte, hatte Luther selbst am eigenen Leib erfahren müssen, als 1505 in seiner unmittelbaren Nähe ein Blitz einschlug. Nach der von ihm selbst verbreiteten Legende gelobte er daraufhin, Mönch zu werden. Gegen den Willen des Vaters tritt er in Erfurt in den Orden der Augustiner-Eremiten ein und legt die geforderten Gelübde und Professen ab. Doch seine Ängste blieben. Immer wieder wird er von Selbstzweifeln, Schuldgefühlen und innigster Zerknirschung gepeinigt, die eine spätmittelalterliche Spiritualität in ihm hervorrief. Endloses Beichten, religiöser Eifer, aber auch die Angst vor dem eigenen Versagen im Angesicht der Größe Gottes und dessen Heilstaten setzen Luther in Unfreiheit. Erst die liebevolle Zuwendung geistlicher Begleiter wie Johannes von Staupitz (1468–1524) und die Studien in Wittenberg führen den in sich selbst gefangenen Mönch Luther in die Freiheit des Glaubens, zu seiner reformatorischen Entdeckung: Nicht der Mensch muss sich Gottes Erbarmen erwirken, sondern Gott erbarmt sich des Menschen, wenn dieser nur auf ihn vertraut. Das ist das Neue, und Luther steht dafür ein mit seinem leidenschaftlichen Eifer, den er auch in den Jahren zuvor – allerdings mit anderer Zielsetzung – eingebracht hatte. So sind auch die 95 Thesen gegen die Verirrungen der Kirche in Fragen des Ablasshandels zu verstehen, die wahrscheinlich nach einigen Wochen durch Wind und Wetter von der Wittenberger Schlosskirchentür herabgerissen worden wären, hätte Luther nicht in seinem Eifer und wachsenden Selbstbewusstsein diese Thesen auch an Albrecht von Brandenburg (1490–1545) geschickt, den Erzbischof in Magdeburg. Albrecht war ein ehrgeiziger Mann mit massiven Geldproblemen. Er war nicht nur Erzbischof von Magdeburg und Administrator von Halberstadt, sondern auch zum Erzbischof von Mainz gewählt worden, was ihm zusätzlich den Rang des Reichskanzlers verschaffte. Diese Ämterhäufung war aber nur möglich geworden, weil er dem Papst dafür viel Geld versprochen hatte; 29 000 Gulden sollen es gewesen sein. Finanziert werden sollte das durch den Verkauf von Ablässen, die der Dominikanermönch Johann Tetzel (ca. 1465–1519) unters Volk bringen sollte. Die Hälfte der Einkünfte diente der Schuldentilgung bei den Augsburger Fuggern, die andere Hälfte sollte der Papst bekommen, so die Abmachung Albrechts. Wäre da nicht Luther gewesen, der sich mit seinen 95 Thesen scharf gegen den Missbrauch der Ablässe wendet und die Grenzen päpstlicher Gewalt in Erinnerung ruft. Dazu fühlte er sich als Seelsorger, Doktor der Theologie und Universitätsprofessor verpflichtet. Für Luther war klar: Man kann Gottes Vergebung und Gnade weder mit

Geld noch sonst wie erkaufen und sich so um die notwendige Umkehr und Lebensänderung drücken. Das konnte Albrecht von Brandenburg nicht hinnehmen. Auch wenn er eigentlich ein nachsichtiger und tief religiöser Mensch gewesen sein soll, brauchte er das Geld und konnte auf den Ablasshandel nicht verzichten. Luther gerät in eine Zwickmühle: Er klagte den Oberhirten in Rom indirekt an, weil dieser der Abmachung mit Albrecht zugestimmt hatte. Dabei hatte Luther den Papst doch eigentlich verteidigen wollen, indem er auf eine Praxis hinwies, die dessen Ruf schadete.

Medienpolitik des 16. Jahrhunderts

Einige Wochen geschah nichts, obwohl die Thesen Luthers im Gelehrtenkreise diskutiert wurden. Auch Kurfürst Friedrich der Weise und Luthers zuständiger Bischof kommentierten das Gelesene, es folgten aber keine Konsequenzen. Dann aber begann sich eine Maschinerie in Gang zu setzen, deren Wirkungskraft mit dem heutigen Internet gleichzusetzen ist: in Windeseile verbreiteten sich die Thesen im ganzen Land und gelangten sogar bis nach Rom. Denn sie wurden mittels damals moderner Druckerpressen vervielfältigt und in Umlauf gebracht.

Schwerfällig und unbeholfen wirken für uns moderne Menschen jene Druckmaschinen der damaligen Zeit, haben wir doch rotierende Druckwalzen vor Augen, die in Sekunden Hunderte Zeitungsblätter bedrucken. Zwar stammen die historischen Exemplare, wie sie im Deutschen Museum in München zu bestaunen sind – auf Nachfrage auch in Aktion –, aus dem 18. Jahrhundert. Doch die Fachleute sind sich einig, bis zu dieser Zeit habe sich nur wenig an Guttenbergs Erfindung verändert. So wie um 1450 gedruckt worden ist, wurde auch zu Luthers Zeiten und zu Beginn des 18. Jahrhunderts gedruckt: mit beweglichen Bleilettern anstelle von geschnitzten Druckmasken. Jetzt war es möglich, in kürzester Zeit einen Text zu setzen, die Lettern mit Farbe zu betupfen, den Satz auf den damals modernen Werkstoff Papier aufzusetzen und mit der Holzwinde anzupressen.

Zu dieser technischen Neuerung kam aber noch ein weiterer Faktor hinzu, der eine rasche Verbreitung des reformatorischen Gedankenguts begünstigte: die Übersetzung der wissenschaftlichen Texte aus dem Latein in die jeweilige Landessprache. So konnten die Inhalte einer breiteren Bevölkerungsschicht zugänglich gemacht werden. Natürlich war die Zahl der Analphabeten im gemeinen Volk weiterhin ungeheuer hoch. Doch die wachsende Bürger- und Gelehrtenschicht in den Städten, auf den Burgen und an den Höfen trat zunehmend in den Vordergrund und hatte teil an den wichtigen politischen Entscheidungen. Den Ungebildeten wurden weiterhin mithilfe von Bildern (Volksbibel) theologische Sachverhalte nahegebracht, wie sie beispielsweise ein Lucas Cranach der Ältere (1472–1553) mit seinem Altarbild in der Wittenberger Stadtkirche umgesetzt hat. Dass diese Bilder bisweilen auch Boulevardzeitungsqualität haben konnten, also als Propagandamaterial verwendet wurden, lässt sich nur wenige Schritte hinter dem Hauptaltar der Kirche entdecken. Hier ist der »Weinberg des Herrn« zu sehen, ein Gemälde aus dem Jahre 1569. Darauf zu sehen ist ein zweigeteilter Weinberg, dessen Winzer und Gärtner den Garten bebauen. Während die Reformatoren – Luther und Melanchthon sind deutlich auszumachen – den Garten auf der einen Seite erfolgreich kultivieren, sodass er Früchte trägt, zerstören Bischöfe, Mönche und katholische Würdenträger die andere Hälfte und richten Chaos an. Christus selbst verweist sie des Gartens am unteren linken Bildrand. Allen voran steht der Papst, der Christus mit Geld in der Hand bestechen möchte. Polemischer und einseitiger kann eine Boulevardpresse heute kaum titeln und schreiben.

Rede und Antwort

Luthers Thesen von 1517 riefen nach und nach seine Kritiker auf den Plan. Da war natürlich Albrecht von Brandenburg, der auf das Ablass-Geld nicht verzichten konnte. Er erbat – wie damals üblich – ein Gutachten seiner Universität Mainz, sandte aber gleichzeitig die Thesen auch nach Rom. Albrechts Handlanger Tetzel widersprach Luther provokant und wenig glaubwürdig, unterstellte ihm eine Nähe zu Jan Hus (1370–1415), der 1415 auf dem Konzil von Konstanz als Ketzer verbrannt worden war. Der Ingolstädter Theologe Johannes Eck (1468–1543), der Luthers härtester Widersacher werden sollte, kritisierte die Thesen des Wittenberger Hochschullehrers. Auch die Kurie nahm allmählich die Sache des Wittenberger Mönches ernst und beauftragte päpstliche Hoftheologen mit einer Antwort. Dabei geriet die Kritik an den Ablässen immer mehr in den Hintergrund und die indirekten Angriffe gegen den Papst in den Vordergrund. Im August 1518 lag die Antwort vor. Darin wird Luther der Ketzerei beschuldigt, weil er Teile der katholischen Theologie und deren Hüter, den Papst, infrage gestellt habe. Dafür solle er in Rom Rede und Antwort stehen. Luther wurde seine Behauptung vorgehalten, auch die Konzilien der Kirche und der Papst seien fehlbar. Bis zu seiner endgültigen Verurteilung als Ketzer und der daraus folgenden Exkommunikation im Mai 1521 hatte Luther immer wieder gehofft, man werde ihm in einer Disputation seinen angeblichen Irrtum mit der Heiligen Schrift widerlegen.

Auf Intervention von Luthers Landesherrn Friedrich des Weisen kam es zunächst 1518 statt in Rom in Augsburg am Rande des Reichtages zu einer Aussprache zwischen dem päpstlichen Gesandten Cajetan und Luther. Etwa ein Jahr später folgte ebenfalls eine mündliche Auseinandersetzung Luthers mit Johannes Eck in Leipzig. Doch das Ergebnis war immer dasselbe: Luther wurde vorgeworfen die Autorität und den Primat des Papstes anzuzweifeln, womit er sich außerhalb der Kirche stelle. Wieder in Wittenberg legte Luther erst richtig los. In Predigten, Abhandlungen und Briefen widmete er sich zunächst der heiligen Messe und den Sakramenten und nahm sich auch das Papsttum als solches vor. Vor allem in der 1520 veröffentlichten Schrift »Von der babylonischen Gefangenschaft der Kirche« forderte er nicht nur eine grundlegende Reform der Institution Kirche, sondern sprach dem Papsttum jede göttliche und menschliche Autorität ab. Dabei nannte er die Herrschaft des Papstes über die Kirche tyrannisch, böse und sogar antichristlich. Das war kirchenpolitisch betrachtet das Todesurteil, das Luther über sich selbst gesprochen hatte.

Die Reaktion Roms: Im Juni 1520 veröffentlicht Papst Leo X. die Bulle *Exsurge Domini* (Erhebe dich, Herr), in der 41 von Luthers Thesen als Häresien (Irrlehren) verurteilt werden. Luther selbst wird darin aufgefordert, binnen 60 Tagen zu widerrufen. Auf Drängen vieler Freunde und Vermittler schreibt Luther nach Rom und bittet erneut um eine Anhörung. Er legt seinem Brief die Schrift »Von der Freiheit des Christenmenschen« bei, in der er in freundlichen und warmherzigen Worten von den Wohltaten des Glaubens spricht, die fromm, frei und selig machen. Allerdings erschien zeitgleich ein scharfes Wort Luthers »gegen die fluchwürdige Bulle des Antichrist«. Eine Abschrift der päpstlichen Bulle verbrannte Luther demonstrativ und öffentlich. Der Bruch mit Rom wurde dadurch endgültig.

Der Kaiser, Rom, die Fürsten und das Reich

» Und deshalb kann und will ich nichts widerrufen, weil es unsicher ist und die Seligkeit bedroht, gegen das Gewissen zu handeln. Gott helfe mir. Amen.«

Martin Luther auf dem Reichstag zu Worms

Düster, unheimlich, resigniert und doch mit wachen Augen blickt Kaiser Karl V. (1500–1558) auf dem Gemälde von Tizian Vecellio (um 1488–1576) dem Betrachter entgegen. Zu sehen in der Alten Pinakothek in München. Für einen Euro kann man dort sonntags dem Kaiser gegenübertreten, ohne vor ihm einen Diener machen oder gar seine ketzerischen Gedanken widerrufen zu müssen. Das war für Martin Luther im April 1521 auf dem Reichstag zu Worms ganz anders. Nach den Ereignissen des Jahres zuvor konnten die Vertreter der Reichsstände und Fürsten sowie die des Papstes den Fall Luther nicht mehr einfach übergehen. Und auch nicht Karl V., der gerade erst mit seinen 19 Jahren gegen den ausdrücklichen Willen Roms von den Fürsten zum Kaiser erhoben worden war. Auch er wollte und musste sich der *Causa Luther* annehmen. Mit kaiserlichem Geleit und großem Jubel der Massen gelangte Luther nach Worms und traf schließlich auf den Kaiser. Aber entgegen allen Hoffnungen zahlreicher Fürsten, die sich mit Luther und seiner Romkritik einen schwindenden Einfluss des Papstes auf deutsche Territorien erhofften, gipfelte die Befragung des Kaisers in der simplen Aufforderung, zu widerrufen. Luthers Antwort ist bekannt, sie lautete:

»Wenn ich nicht durch das Zeugnis der Schrift oder vernünftige Gründe widerlegt werde – denn dem Papst oder den Konzilien allein mag ich nicht zu glauben, da feststeht, dass sie häufig geirrt und sich selbst widersprochen haben –, so bin ich durch die von mir angeführten Schriftworte überwunden, und mein Gewissen ist durch Gottes Worte gefangen. Und deshalb kann und will ich nichts widerrufen, weil es unsicher ist und die Seligkeit bedroht, gegen das Gewissen zu handeln. Gott helfe mir. Amen.«

Von einem »Hier stehe ich und kann nicht anders« ist in den Reichstagsakten nichts überliefert. Die Antwort des Kaisers folgt einen Tag später und ist nicht minder radikal. Darin heißt es, dass er entschlossen sei, gegen Luther wie gegen einen offenkundigen Ketzer vorzugehen. Damit wird die Reichsacht über ihn verhängt, Luther ist von nun an vogelfrei. Doch anders als der Kaiser das mit dieser Entscheidung erhofft hatte, nämlich die politische und religiöse Einheit des Reiches zu wahren, stimmen zahlreiche Fürsten nur widerwillig dem Edikt zu. Nicht aber Luthers Landesherr, der sächsische Kurfürst Friedrich der Weise. Er zieht sein Landeskind aus dem Verkehr, indem er ihn auf der Wartburg in Thüringen versteckt. Auch wenn die bayerischen Herzöge auf ihrer Konferenz in Grünwald bei München 1522 ihre Treue zu Kaiser und Papst erneuerten, das religiöse

Auseinanderbrechen des Heiligen Römischen Reiches deutscher Nation war wohl von nun an nicht mehr aufzuhalten.

Bastion der Gegenreform

Man muss den Kopf schon weit in den Nacken legen, will man die Madonna in der Fassade der Münchner Residenz erkennen. Stellt man sich etwas abseits auf den Odeonsplatz vor die Feldherrnhalle, dann ist die Muttergottes mit dem Jesuskind schon besser zu erkennen. Als sie 1606 bei der Erweiterung der Residenz in die Fassade eingefügt wurde, überragte sie sicherlich noch die umstehenden Gebäude und war somit ein weithin sichtbares Bekenntnis von Herzog Maximilian I. von Bayern: Das Haus Wittelsbach stellt seine Herrschaft unter den Schutz der Gottesmutter, der Symbolfigur der katholischen Gegenreformation. Auch Luther war ein glühender Marienverehrer gewesen, doch hatte seine (neue) Theologie, die in der Kurzformel von *»solus Christus, sola gratia, sola scriptura und sola fide«* mündete, also »allein Christus, allein aus Gnade, allein die Schrift und allein aus Glauben«, aufgezeigt, dass es nicht länger irgendwelcher Mittler und Fürsprecher vor Gott bedarf. Damit verlieren die Heiligen wie auch die Muttergottes ihre Bedeutung. Der Mensch steht jetzt alleine vor Gott, seinem Schöpfer und Richter, und muss sich dessen gnädiger Barmherzigkeit überlassen. Anschaulich dargestellt ist das im Wittenberger Stadtaltar durch den Bildpropagandisten der Reformation, Lucas Cranach den Älteren. Dort im Mittelteil des dreigliedrigen Altarbildes ist das Letzte Abendmahl dargestellt. Doch um Jesus versammelt sind nicht die Apostel des

Evangeliums, sondern zwölf stadtbekannte Streiter der Reformation. Stefan Rhein von der Stiftung Luthergedenkstätten in Sachsen-Anhalt: »Das Provozierende des Bildes ist es, nicht Heilige vertreten uns vor Gott, sondern wir stehen vor Gott, als historische Persönlichkeiten. Wir werden nicht vertreten, sondern es geht um unsere ganz eigene Beziehung zu Gott. Das ist erhebend, aber auch anstrengend zugleich.«

Zurück nach München an die Residenz. Das Bekenntnis der bayerischen Herzöge zu Maria bedeutete zugleich ein klares Bekenntnis zur katholischen Religion. Das bayerische Herzogtum hatte sich bereits früh im Laufe des 16. Jahrhunderts in der Auseinandersetzung mit Luther und der Reformation als verlässlicher Partner des Papsttums erwiesen – manchmal verlässlicher als das Haus Habsburg mit Kaiser Karl V. und seinem Bruder, dem späteren Kaiser, Erzherzog Ferdinand. Das begann schon 1522 in der bereits erwähnten Grünwalder Konferenz und setzte sich konsequent fort in einer Fülle repressiver Entscheidungen gegen Reformation und Reformatoren. Die drei ebenfalls schon erwähnten Religionsmandate von 1522, 1524 und 1531 ließen Sympathisanten der neuen Lehre kaum eine Chance, heimisch zu werden oder zu bleiben im Herzogtum. Zensur, Predigtverbote, der Abzug aller bayerischen Studenten aus Wittenberg, aber auch Gefängnisstrafen und sogar Hinrichtungen hat es infolge dieser Entscheidung gegeben. Dabei verschmolzen offensichtlich zunehmend politische und religiöse Interessen der Herzöge miteinander. Denn die bayerischen Landesherren waren davon überzeugt, dass es ihre Pflicht sei, die Reform der katholischen Kirche auch mit staatlichen Mitteln zu fördern. Sicherlich wäre es opportun gewesen – wie es andere

Fürsten damals taten –, gegen den Papst in Rom zu agieren und sich nach der Auflösung kirchlicher Territorien an den Besitzständen und Pfründen der Kirche zu bereichern. Das Herzogtum beherbergte eine Fülle an Stiften und Klöstern und auch die selbstständigen, sprich reichsunmittelbaren Territorien wären eine lohnende Beute gewesen. Doch für die bayerischen Herzöge sei das niemals eine echte Option gewesen, sagt Professor Manfred Heim aus München. Der Experte für Bayerische Kirchengeschichte zieht dabei eine Linie über viele Jahrhunderte hinweg bis zurück ins 6. Jahrhundert, als die Agilolfinger, die Vorläufer der heutigen Bayern, bereits ihren Bund mit dem Papst in Rom geschlossen hatten. Diese Linie habe sich bis heute durchgehalten, so Heim, denn jeder Ministerpräsident und CSU-Vorsitzende wisse sich der Verbindung von Kult und Kultur verpflichtet, auch wenn diese im aufgeklärten Bayern vielleicht heute auch durchaus protestantische Züge annehmen dürfe, wie beispielsweise unter einem Ministerpräsidenten Günther Beckstein.

Bis zum Ende des Heiligen Römischen Reiches deutscher Nation 1806 sollten diese engen Bindungen an den Papst in Rom und an das Haus Habsburg andauern. Militärische und politische Bündnisse, aber auch eine gezielte Heiratspolitik untermauerten die bavarische Treue. All das hätte in den Wirren des konfessionellen Zeitalters sicherlich nicht Bestand gehabt, wäre das Festhalten der Wittelsbacher am Papst und letztlich auch am Kaiser nicht einer tiefen Frömmigkeit entsprungen, einer persönlichen religiösen Überzeugung. Nur so lassen sich nämlich auch die unzähligen und ernsthaften Bemühungen erklären, die Kritik Luthers und der Reformatoren ernst zu nehmen und den katholischen Glauben von Missständen reinigen zu wollen.

Einen dieser Missstände sahen die bayerischen Herzöge in der katastrophalen Priesterausbildung. Vieles von dem, was die Reformatoren angeprangert und auch theologisch zur Disposition gestellt hatten, war viel zu hoch für manchen Geistlichen. Sie hatten theologischen Argumenten für den Laienkelch, die Rechtfertigungslehre oder gegen den Primat des Papstes kaum etwas entgegenzustellen. Dabei hatten die Ausbildungsstätten des bayerischen Herzogtums durchaus kluge Köpfe hervorgebracht wie beispielsweise Luthers Gegenspieler Johannes Maier aus Eck, kurz Johannes Eck, der an der Universität Ingolstadt dozierte. Er hatte 1519 in Leipzig Luther Paroli geboten und forderte auch 1530 die Reformatoren zu ihrem Augsburger Bekenntnis heraus. Seinen gegen die Lehre der Reform erhobenen Vorwürfen stellte Luthers Kollege Melanchthon seine *Confessio Augustana* entgegen. Bis dahin, aber auch danach hatte die reformatorische Bewegung einige Niederlagen und Rückschläge hinnehmen müssen. Da waren die Bauern, die Luthers »Von der Freiheit eines Christenmenschen« allzu wörtlich genommen hatten und gewaltsam eine politische Veränderung ihrer Verhältnisse herbeiführen wollten. Sie scheiterten an den stärkeren Herren und deren Soldaten und wurden so – wenn auch nicht ganz im Sinne der Reformatoren – zu den ersten Opfern des neuen Gedankengutes. Daneben verhinderten zahlreiche Richtungskämpfe unter den führenden Köpfen die einheitliche Ausrichtung der Bewegung, die erst in der *Confessio Augustana* ihren Ausdruck gefunden hatte, die aber nicht für alle verbindlich erschien. Luthers Hochzeit 1525 mit Katharina von Bora ließ viele an der Ernsthaftigkeit der Bewegung zweifeln. Und auch das oppositionelle Agieren zahlreicher Fürsten sorgte für Unruhe im Reich.

Der Kaiser selbst verfolgte eine diplomatische Linie und gab dem Drängen der Fürstenopposition mal mehr und mal weniger nach. Erst der Sieg bei Mühlberg an der Elbe 1547 über die reformatorisch ausgerichteten oppositionellen Kräfte des Schmalkaldischen Bundes sicherten dem Kaiser seine Position. Karl V., auf dem Höhepunkt seiner Macht, glaubte nach der militäri-

» In den rund 150 Jahren vom Beginn der Reformation bis zum Ende des Dreißigjährigen Krieges wurde Politik gemacht mit dem Instrument der Konfession. Das heißt, welches Bekenntnis instrumentalisiere ich, um meine politischen Ziele zu erreichen.«

Manfred Heim, Professor für Bayerische Kirchengeschichte, München

schen nun auch die religiöse Einheit im Reich wieder herstellen zu können. Doch 1552 durch den Einfall französischer Truppen erneut geschwächt, die im Bunde mit der fürstlichen Opposition im Reich standen, muss Karl V. nachgeben und 1552 endgültig einem Religionsfrieden zustimmen, der drei Jahre später in Augsburg vereinbart werden sollte. Er sicherte nach der überlieferten Formel *cuius regio, eius religio* zumindest den Landesfürsten die freie Wahl der Religionszugehörigkeit zu. Der Landesherr ist es, der die Religion vorgibt, an die seine Untertanen von da an zu glauben hatten. Wer das nicht wollte, erhielt freies Geleit, um das Territorium zu verlassen. Luther selbst hatte das alles nicht mehr erlebt, er war bereits 1546 gestorben.

Die Jesuiten in Bayern

Für die Wittelsbacher in Bayern war auch nach 1555 klar: Ihre Lande sollten katholisch sein und bleiben. Dafür musste die alte Religion aber auch wieder attraktiv gestaltet werden. Unterstützung erhielten sie bei der Reform der katholischen Verhältnisse vom Papst in Rom. Er berief ein Konzil nach Trient ein, bei dem in Auseinandersetzung mit den reformatorischen Ideen die katholische Lehre gereinigt hervorgehen sollte. Von 1545 bis 1563 tagte das Konzil mit teilweise langjährigen Unterbrechungen. Dabei konnten die Konzilsväter zwar die zentralen katholischen Glaubenswahrheiten fixieren. Doch Antwort auf die Fragen der Reformatoren gab diese Bischofsversammlung letztlich nicht. Für die katholisch orientierten Landesherren wie die bayerischen Wittelsbacher aber bedeutete das Konzil eine Bestätigung in ihrem Reformeifer. Trient hatte zum Beispiel eine Liturgiereform auf den Weg gebracht. Außerdem hatte sich das Konzil die Erneuerung der Seelsorge auf seine Fahnen geschrieben. Von nun an sollten Priester eine theologisch fundierte und vor allem geregelte Ausbildung erhalten. Die Bischöfe sollten dazu eigens Seminare ins Leben rufen. Die Wittelsbacher waren dahingehend schon selbst aktiv geworden und hatten 1549 die Jesuiten zu Hilfe geholt.

Dieser neue Orden des heiligen Ignatius von Loyola (1491–1556) hatte sich im Zuge der Reformation und Gegenreformation die Mission der Menschen zur Aufgabe gemacht. Die Ausrichtung der Gemeinschaft wirkt martialisch, ihr Tun wird als Glaubenskampf definiert, der Ordensobere ist ein General und die Gemeinschaft bezeichnet sich als »Armee Gottes«. Alle Kräfte werden gemäß ihrem Motto *ad maiorem Dei gloriam* eingesetzt, zur größeren Ehre Gottes. Dem Papst geloben sie in einem zusätzlichen vierten Gelübde den Gehorsam, was sie zu einer religiösen Streitmacht des obersten Glaubenshüters werden lässt. 1549 beruft also Herzog Wilhelm IV. drei von ihnen an die bayerische Landesuniversität nach Ingolstadt, sein Sohn Albrecht V. vereinbart mit dem Ordensgründer Ignatius noch vor dessen Tod die Errichtung eines Kollegs in der aufstrebenden Residenzstadt München. Wilhelm V. der Fromme (1548–1626), der bei den Jesuiten in Ingolstadt erzogen worden war, setzt die Pläne seines Vaters in die Tat um. Und so entstehen von 1583 an entlang der Neuhauser Straße die Kirche Sankt Michael und das dazugehörige Jesuitenkolleg. Es ist die erste Stadtkirche, deren Bauherr nicht mehr der Rat, sondern der Landesfürst ist. Patron und Bau des Kirchengebäudes sind sichtbarer Ausdruck eines gegenreformatorischen Programms: Der heilige Michael als Mitstreiter im Kampf gegen das (reformatorische) Böse weist, in einer überlebensgroßen Bronzeplastik zwischen den beiden Kirchenportalen platziert, eindrücklich darauf hin. Das Gebäude selbst wird zum ersten Monumentalbau in deutschen Landen nach Beginn der Reformation und es sollte Vorbild werden für mehr als 100 Kirchen im süddeutschen – überwiegend katholischen – Raum. Alles ist ausgerichtet auf den Altar hin, nichts verstellt den Blick dorthin, wo Christus – nach katholischem Verständnis – in der Eucharistie ganz gegenwärtig ist. Noch heute übt die Michaelskirche auf den Besucher eine ungeheure Wirkung aus.

Als Kirche und Kolleg schließlich 1597 eingeweiht werden, hatten die Jesuiten bereits tatkräftig im Lande gewirkt. An der Landesuniversität in Ingolstadt hatten sie sich etabliert und einige Schlüsselpositionen übernommen. Von dort, aber auch von München aus stießen sie eine erfolgreiche Alphabetisierungs- und Bildungskampagne an. Denn – das hatten die Jesuiten von Luther gelernt, der erfolgreich auf die Trias Gymnasium, Universität und gedrucktes Buch gesetzt hatte – wer die Menschen religiös erreichen möchte, muss überzeugende Vermittler parat haben. Und diese brauchten eine fundierte Ausbildung. Dafür nutzten die Jesuiten alle pädagogischen und medialen Mittel, vom Theater über die Musik bis hin zur Kunst oder Architektur – alles zur größeren Ehre Gottes.

Das Ziel des frommen Theaters: Einfühlsam die Seele berührend erwirken die Aufführungen eine Wandlung des Herzens bei den Zuschauern. Begeistert zeigen sie Reue, bekehren sich oder – noch besser – treten der Ordensgemeinschaft bei. Das dafür nötige Geld wird dem Orden überlassen. Kunst und Kult gehen auch hier wieder einmal Hand in Hand, gefördert durch Landesherren wie Albrecht V., dessen Hofkapelle unter Orlando di Lasso zu der bedeutendsten Europas avanciert. Er und seine Nachfolger setzen alles daran, dass München auch zu einem Zentrum der Kultur heranwächst. Ob Museen, Theater und vor allem die Kirchen: München mausert sich in den folgenden Jahrzehnten zum *monachium sacrum*, zum Deutschen Rom, wie es Lorenz von Westenrieder (1748–1829) später getitelt hat.

Geteiltes Leid ist halbes Leid

Während im kurfürstlichen München also die Reformation bis zum Jahr 1799 nicht Fuß fassen konnte, erlebte das nordschwäbische Städtchen Oettingen im Ries ein Mit- und Nebeneinander beider Konfessionen. Und das von Anfang an. Dort, keine zwei Fahrstunden von München entfernt, sind wie im Herzogtum Bayern auch dynastische Entwicklungen dafür verantwortlich; allerdings mit umgekehrten Vorzeichen. Während das Haus Wittelsbach vor der Reformation eine Einigung erlebt und so geschlossen im Kampf gegen die Reformatoren antreten kann, hat sich das Haus Oettingen dagegen getrennt. Während dort die eine Linie evangelisch wird, bleibt die andere katholisch, und ebenso deren Untertanen in der Stadt Oettingen. Wie ein bunter Fleckenteppich leuchten die grünen und roten Lämpchen auf einem Plan im Stadtmuseum auf, der die konfessionelle Zugehörigkeit der Bürger markiert. Selbst die Juden der Stadt wurden je nach ihrer Zugehörigkeit zu den jeweiligen Landesfürsten als »katholische« oder »evangelische Juden« bezeichnet. Anders als vielleicht vermutet, haben sich die Oettinger aber um ihrer Religion willen nie die Köpfe eingeschlagen. Im Gegenteil: Man war gezwungen, neben- und miteinander zu leben, so Petra Ostenrieder vom Oettinger Stadtmuseum. Natürlich wollte man der gegnerischen Partei nichts schenken, sodass eine Vielzahl der Ämter doppelt besetzt war. Neben einer katholischen gab es also auch eine evangelische Hebamme, die ja in Todesnot die Taufe spenden musste, aber natürlich in der richtigen Konfession. Noch heute können sich Besucher der kleinen Stadt von einem katholischen oder evangelischen Nachtwächter mit einer Führung bezaubern lassen. Die Oettinger waren einfallsreich und machten aus der Not eine Tugend. Wer Bürger der Stadt werden wollte, musste bei seinem Eid auf dem Schwurstab versprechen, beiden Herrschaften zu gehorchen. Denn anders als freie Reichsstädte, wie beispielsweise Regensburg, Nürnberg oder Augsburg, blieben die Bürger

Untertanen ihrer Landesfürsten, die zeitweise beide ihre Schlösser in der Stadt hatten. Kurioserweise liegt die katholische Kirche dabei in unmittelbarer Nähe des (heute nicht mehr erhaltenen) evangelischen Fürstenschlosses und die evangelische Kirche nahe der katholischen Residenz. »Man hat die Bikonfessionalität in ein Regelwerk gepresst«, erklärt Museumschefin Petra Ostenrieder. »Solange eine politische Macht dahinterstand, ging es in der Stadt auch friedlich zu.«

Überhaupt scheinen für den Besucher die Uhren in Oettingen anders zu gehen. Mehr als 100 Jahre hatten Protestanten von 1583 an einen anderen Kalender als die Katholiken. Die von Papst Gregor XIII. (1502–1585) vorgenommene Reform war den Protestanten zu papistisch. Deshalb musste auch der Oettinger Stadtrat mit zwei Kalendarien rechnen. Auch auf dem Marktplatz herrschen verkehrte Verhältnisse. So ist die protestantische Häuserzeile mit Barockgiebeln verziert, während das katholische Pendant gegenüber das Fachwerk zur Schau stellt. Barock? War das nicht ein Kennzeichen katholischer Baukunst der Gegenreformation? »Bei Stadtführungen hört man immer noch die falsche Aussage, dass die asketischen Protestanten hinter dem mittelalterlichen Fachwerk gehaust haben. Dabei war es genau umgekehrt«, erklärt Ostenrieder. »Ein Zeichen der Modernität eben. Wer etwas auf sich hielt, wollte barocke Fassaden und ließ sich auch den damaligen Hit, Wessobrunner Stuckaturen, einsetzen.« Selbstverständlich waren deshalb nicht nur viele Bürgerhäuser und die beiden Oettinger Schlösser damit ausgestattet, sondern eben auch die evangelische Stadtkirche.

Dort in der Vierung ist auch das Wappen des Oettinger Fürsten zu erkennen, evangelischerseits, versteht sich. Denn bis zur Gründung einer Bayerischen Landeskirche 1809, war der Fürst auch Herr der Landeskirche von Oettingen. Albrecht Ernst II. (1669–1731) hat diese Aufgabe mit solcher Inbrunst versehen, dass er sogar für das Kirchengesangbuch in guter Luthermanier ein Lied komponierte.

» Man kann nicht sagen, in Oettingen gibt es eine richtige Grenze, wenn man die überschreitet, ist man plötzlich im katholischen Teil. Diese Grenze war unsichtbar, aber in den Köpfen vorhanden. Noch im 19. Jahrhundert war es verboten, an Stammtischen über konfessionelle Dinge zu reden.«
Petra Ostenrieder, Leiterin des Heimatmuseums Oettingen

Man hatte den anderen im Blick, lautete die Devise, so Petra Ostenrieder. Deshalb konkurrierten die beiden Konfessionen auch miteinander. Baute die eine Seite eine Lateinschule, zog die andere mit einem Gymnasium nach. Lange fühlten sich die Katholiken unterlegen, bis die katholische Gräfin 1643 die Jesuiten nach Oettingen holte. Für diese war die Stadt Missionsgebiet, vergleichbar mit Chile, Paraguay oder anderen Missionsstationen. Auf dem Epitaph des Jesuiten Julianus Kogler in Sankt Anna tragen die Engel daher auch indianischen Schmuck. Doch die Protestanten endgültig von der katholischen Glaubenslehre zu überzeugen, ist auch den Jesuiten nicht gelungen. Ostenrieder spricht daher gerne von Oettingen als einem Ruhestandsposten für ausgediente Patres: »Diese Jesuiten hatten weltweit große Erfahrungen sammeln können in den verschiedenen Missionen, aber hier nach Oettingen kamen sie doch eher aufs Altenteil.«

Dort über der Wörnitz, einst vor den Toren der Stadt gelegen, befand sich im 18. und 19. Jahrhundert beim ehemaligen Leprosenstift Sankt Anna der gemeinsame

Friedhof. Dort wo heute ein Erlebnispfad Schülern und Interessierten den Umgang mit dem Tod nahebringen will, lagen früher katholische und evangelische Oettinger friedlich nebeneinander. Doch erst im Tod scheinen konfessionelle Unterschiede endgültig aufgehoben, erklärt Petra Ostenrieder. Als sie vor rund 40 Jahren von der katholischen Mädchen-Grundschule aufs Gymnasium wechselte, wusste sie erst einmal nicht, was ihr unheimlicher war: dass sie nun auch mit Buben oder Protestanten unterrichtet werden sollte. Bis ins 20. Jahrhundert hinein hätten farbliche Differenzen in Kleidung und Tracht den Unterschied markiert, zum Beispiel rote Socken oder schwarze Hauben. »Noch im 19. Jahrhundert war es so, dass verboten wurde, an Stammtischen über konfessionelle Themen zu sprechen. Es war eine gewisse Brisanz in den theologischen Sticheleien, aber es hat sich nie so ausgeweitet, dass man sich ernsthaft die Köpfe eingeschlagen hat«, erzählt Petra Ostenrieder. »Die Säkularisation hat bei uns einige Zeit gedauert. Eigentlich wurde sie erst im 21. Jahrhundert umgesetzt.« Und doch staunen auch heute noch manche Oettinger, wenn – wie unlängst geschehen – der katholische Pfarrer an der Orgel mit dem evangelischen Bürgermeister an der Trompete ein Konzert gibt.

Was eint, was trennt?

Zur theologischen Problematik der gegenwärtigen Ökumene

Von Wolfgang Küpper

So war es beim ersten Ökumenischen Kirchentag in Berlin

Berlin im Mai 2003. Mehr als 100 000 Menschen sind zum ersten Ökumenischen Kirchentag in die Bundeshauptstadt gekommen. Sie feiern, beten, singen, diskutieren, hören Vorträge. Zum ersten Mal seit der Reformationszeit pflegen so viele Menschen in Deutschland zeitgleich und an einem Ort ökumenische Glaubensgemeinschaft. Über 300 000 Teilnehmer werden zum Schluss der fünftägigen Veranstaltung, zu der das Zentralkomitee der deutschen Katholiken und der Deutsche Evangelische Kirchentag eingeladen haben, gezählt. Aus einem mehrere Hundert Seiten umfassenden Programmbuch mit Tausenden Einzelthemen hat jeder während der fünf Tage seine persönlichen Schwerpunkte auswählen können. Wie ein Treppenwitz der Kirchengeschichte mag es da erscheinen, dass Jahre danach auf die Frage, was denn geblieben ist vom ersten Ökumenischen Kirchentag in Berlin, in aller Regel die Antwort kommt: »Da gab es doch den Streit um's gemeinsame Abendmahl, die gemeinsame Eucharistie!«

Die Antwort ist richtig und falsch zugleich. In der Tat wurden Abendmahl und Eucharistie in Berlin zum Streitpunkt. Auslöser aber waren zwei Veranstaltungen, die mit dem offiziellen Programm des Kirchentags gar nichts zu tun hatten. Am Donnerstag, den 29. Mai 2003, fand in der Berliner Gethsemane-Kirche ein Gottesdienst mit Eucharistiefeier statt. Zelebrant war unter anderem der Saarbrücker Professor für katholische Dogmatik Gotthold Hasenhüttl. Hasenhüttl lud bei diesem Gottesdienst jeden der Teilnehmer, ganz gleich ob katholisch oder evangelisch, zum Empfang der Kommunion ein. Am Tag danach erfolgte eine schriftliche Rüge durch den Sekretär der Deutschen Bischofskonferenz, Pater Hans Langendörfer. Die »allgemeine Einladung zu einer undifferenzierten Teilnahme aller zum Eucharistieempfang ist eine Verletzung der kirchlichen Bestimmungen«, hieß es. Die Bischöfe missbilligten diesen Verstoß. Der Sachverhalt bedürfe einer sorgfältigen kirchenrechtlichen Prüfung.

In den Wochen danach verteidigte Professor Hasenhüttl sein Handeln, beharrte auf seiner Position und wurde aufgrund dessen am 17. Juli 2003 vom damals zuständigen Trierer Ortsbischof Reinhard Marx vom priesterlichen Dienst suspendiert. Zugleich entzog ihm der Bischof auch die kirchliche Lehrerlaubnis. In der Erklärung hieß es: »Ich habe die Verantwortung, dort einzuschreiten, wo offensichtlich und demonstrativ die Ordnung der Kirche verletzt wird. Die Kirche ist kein Willkürsystem, in dem jeder die Regeln nach seiner persönlichen Überzeugung aufstellen kann. Sie hat deshalb eine gemeinsame Ordnung, die der Einheit dient und dem gemeinsamen Glauben verpflichtet ist.« Die Kirche sei mehr als eine bürgerliche Gesellschaft. Sie besitze »Ordnungen, die von Christus selbst gestiftet sind und von der Kirche nicht geändert [werden] können, zum Beispiel die Sakramente und das Bischofsamt, es gibt aber auch menschliche Setzungen, die dem gemeinsamen Weg dienen sollen. Hier sind besonders der

Papst und die Bischöfe als Gesetzgeber in der Pflicht. Die Priester als Amtsträger der Kirche können diese Ordnung nicht nach Belieben auslegen und für sich eine eigene Ordnung aufstellen. So wird die Einheit der Kirche zerstört und es werden neue Gräben aufgerissen«.

Der zweite spektakuläre Vorgang, der mit dem Ökumenischen Kirchentag zu tun hat, wurde durch einen katholischen Pfarrer aus Bayern ausgelöst. Bernhard Kroll, damals Seelsorger im fränkischen Dietenhofen-Großhabersdorf, nahm am Samstag, 31. Mai 2003, ebenfalls in der Gethsemane-Kirche im Berliner Stadtteil Prenzlauer Berg, an einer evangelischen Abendmahlfeier teil. Kroll erschien im priesterlichen Gewand, empfing Brot und Wein und hielt bei diesem Gottesdienst die Predigt. Darin bezeichnete er »gemeinsame eucharistische Mahlfeiern als nur konsequent«. Die Ablehnung des gemeinsamen Abendmahls von Katholiken und Protestanten durch den Vatikan habe wohl damit zu tun, dass häufig Angst vor Machtverlust die Entscheidungen bestimme. »Es ist an der Zeit, nicht immer alles genau reglementieren zu wollen, sondern mutig neue Wege zu gehen«, so Bernhard Kroll.

Die Sanktion durch den zuständigen Ortsbischof Walter Mixa, 2003 noch Oberhirte in Eichstätt, ließ nicht lange auf sich warten. Am Mittwoch der folgenden Woche wurde Bernhard Kroll von seinen kirchlichen Ämtern suspendiert, auch die Feier der Eucharistie wurde ihm untersagt. Die Begründung: Der katholische Pfarrer habe sich den kirchenrechtlichen Straftatbestand einer »verbotenen Gottesdienstgemeinschaft« zuschulden kommen lassen. Sein Vergehen sei umso schwerer, als Papst Johannes Paul II. in der Enzyklika *Ecclesia De Eucharistia* die Teilnahme an gemeinsamen Mahlfeiern ausdrücklich untersagt habe. – Nach einer längeren

Zeit des Nachdenkens ist Bernhard Kroll inzwischen wieder in den Dienst der katholischen Kirche zurückgekehrt. Die Amtsenthebung wurde aufgehoben. Zum Thema Ökumene, zur Gottesdienst- und Mahlgemeinschaft zwischen katholischen und evangelischen Christen will er sich nicht mehr äußern.

Anders Bischof Walter Mixa. Zu Pfingsten 2003 griff er den Fall Kroll in einer Predigt im Eichstätter Dom auf. »Ich kann bei einem evangelischen Abendmahl respektvoll anwesend sein, aber – um der Wahrheit willen – das Abendmahl nicht empfangen, weil keine Wandlung erfolgt«, sagte Mixa damals. Ökumene heiße nicht einfach, »dass wir zum Zeichen der Verbundenheit Brötchen miteinander essen. Christus ist wirklich im Brot und Wein des Altarsakraments. Und dort in der Seitenkapelle steht nicht irgendein kunstvolles Emailkästchen, sondern das *tabernaculum*, das Zelt Gottes. Und Fronleichnam ist nicht eine folkloristische Veranstaltung, sondern Jesus Christus, der Auferstandene, ist wirklich und wahrhaft in diesem Sakrament des Altars anwesend«. Genau diesen Glauben aber teile die evangelische Kirche nicht mit der katholischen. Bei den evangelischen Christen stünde das Abendmahl als Erinnerungsmahl im Vordergrund, vielleicht mit der Einschränkung, dass die Lutheraner beim Empfang des Abendmahls bekennen würden, Jesus Christus sei anwesend. Aber für die anderen protestantischen Kirchen – so Bischof Mixa – gelte das nicht. Außerdem erkenne die evangelische Kirche das Weihesakrament nicht an. Die Ordination für die evangelischen Pastoren bleibe eine Beauftragung, die man auch wieder abgeben könne.

Auf Walter Mixas Pfingstpredigt reagierte die evangelische Kirche mit Protest. Der bayerische evangelische Landesbischof Johannes Friedrich erklärte, Zweifel an der Ernsthaftigkeit des evangelischen Abendmahls seien für einen evangelischen Christen zutiefst verletzend. Auch nach evangelisch-lutherischem Verständnis empfingen die Gläubigen im Sakrament des Heiligen Abendmahls Leib und Blut ihres Herrn Jesus Christus. Es sei völlig unzutreffend, wenn dies in Abrede gestellt werde. Bischof Mixa blieb dagegen im Wesentlichen bei seiner Einschätzung. Gefragt, ob er in einem ähnlichen Fall wie dem des suspendierten Pfarrers Kroll wieder so entscheiden würde, antwortete er in einem Zeitungsinterview: »Eindeutig ja. Die Eucharistie, die Wandlung von Brot und Wein in Christi Leib und Blut durch geweihte Priester, ist Kern katholischen Glaubens. Pfarrer Kroll hat den Zusammenhang von Weihe und Eucharistie geleugnet. Wenn ein Bischof da schweigt, verleugnet er aus Feigheit sein Hirtenamt. Dann muss er damit rechnen, dass jeder Pfarrer künftig nach eigenem Geschmack Gottesdienst feiert.«

» Ich kann bei einem evangelischen Abendmahl respektvoll anwesend sein, aber – um der Wahrheit willen – das Abendmahl nicht empfangen, weil keine Wandlung erfolgt.«
Bischof Walter Mixa, Augsburg

Ist das der Erfolg des ersten Ökumenischen Kirchentags von Berlin? Sieht so der viel beschworene ökumenische Dialog aus, das Bemühen um die angestrebte, aber noch nicht erreichte Kircheneinheit? Einmal angenommen, die Frage müsste mit Ja beantwortet werden, dann wäre nur zu folgern: »Weil das so ist, können wir jede weitere ökumenische Anstrengung unterlassen. Über die derzeitige klare, gegenseitige Abgrenzung, die Frontstellung zwischen den Konfessionen, führt kein

Weg hinaus.« Das aber würde allen ökumenischen Bemühungen der vergangenen 100 Jahre, vor allem der letzten fünf Jahrzehnte seit dem Ende des Zweiten Vatikanischen Konzils, Hohn sprechen. Zweifelsohne war das Vorgehen von Professor Gotthold Hasenhüttl und Pfarrer Bernhard Kroll am Rande des Ökumenischen Kirchentags von Berlin eine Provokation. Gerade deshalb sind die beiden »Fälle« sehr hilfreich, wenn man herausfinden will, ob und was protestantische und katholische Christen wirklich trennt.

Eint die Christen mehr, als sie trennt?

Wer danach fragt, was evangelische und katholische Christen trennt, wird überrascht sein, wie oft er diese Antwort hört: »Es eint uns mehr, als uns trennt!« Was steckt hinter dieser Aussage, wenn sie mehr sein soll als nur eine Floskel? Für Peter Neuner, Professor für katholische Dogmatik und ökumenische Theologie an der Ludwig-Maximilians-Universität in München, ist dieser Satz zunächst nichts anderes als eine ganz selbstverständliche Aussage. Gemeinsam sind den beiden Konfessionen die Text-Grundlagen des Glaubens, das Alte und das Neue Testament. Katholische und evangelische Christen haben ferner eine sehr lange gemeinsame Geschichte. Denn auch die Kirchen der Reformation sind ja im 16. Jahrhundert nicht einfach aus dem Nichts entstanden, sondern berufen sich darauf, die Kirche des apostolischen Glaubens zu sein. Sie gehen zurück auf denselben Ursprung, den sie, weil sie mit der historischen Entwicklung der Kirche unzufrieden waren, wieder neu entdecken bzw. befestigen wollten. Insofern berufen sich Katholiken und Protestanten auf die gemeinsamen Glaubensbekenntnisse. Sie anerkennen gemeinsam die Dogmen über die zentralen Aussagen christlichen Glaubens in der alten Kirche. Gemeinsam sind die Aussagen in der Christologie, in der Gotteslehre und zur Trinität. Und seit 1999 sind die Aussagen zur Rechtfertigungslehre Gemeingut. Es geht um die Lehre, dass Jesus Christus durch sein gnadenhaftes Wirken das Heil aller erschlossen hat, dass die Menschen ihr Heil Gott verdanken und nicht ihren Leistungen. Diese Lehre teilen Lutheraner und Katholiken seit dem 31. Oktober 1999.

Otto Hermann Pesch, Professor für Ökumenische Theologie an der evangelisch-theologischen Fakultät der Universität in Hamburg, fragt: »Wenn uns wirklich mehr eint als trennt, wie wichtig ist dann das, was uns trennt?« Auch er betont, dass es nicht irgendwelche Aussagen, sondern die zentralen Aussagen des christlichen Glaubens sind, die katholische und evangelische Christen einen: »Allein im Glauben, d.h. in Zustimmung und restlosem Vertrauen auf Gott, wird das Heil von den Menschen angenommen. Gott ist Zukunft des Menschen über den Tod hinaus. Glaubende haben daher die Pflicht, darüber auf Erden zu sprechen und durch ihr Verhalten und durch die Gestaltung der Welt das Heil vorauszubilden. Christliche Ethik ist immer Vorzeichen des ewigen Heiles. Und dies ist uns überdeutlich vermittelt durch Jesus Christus und keinen anderen.«

Dass das Trennende in der aktuellen Diskussion dennoch gewichtiger, schwieriger oder belastender erscheint als das schon Erreichte, das Einende, wirkt paradox, lässt sich aber vielleicht doch erklären. Otto Hermann Pesch vermutet, es liege womöglich daran, dass es im ökumenischen Gespräch inzwischen um die

Praxis gehe und nicht nur um theoretische Sätze über Gott, den Menschen und seinen Glauben. Zur Praxis gehöre auch, dass für manche Verantwortliche in den vatikanisch-kirchlichen Behörden ganze Lebensinvestitionen auf dem Spiel stünden. »Man denke nur einmal an die redlichen Leute, wie es ein evangelischer Freund einmal genannt hat, ›im Generalstab Christi in Rom‹, die unter Arbeitsbedingungen, die in Deutschland die Gewerkschaft ver.di auf den Plan rufen würden, Tag für Tag ihre 16 Stunden arbeiten. Und jetzt sollen sie sagen: War eigentlich gar nicht so nötig, hätten wir auch einfacher haben können! Das ist schon schwer. Und daran, glaube ich, liegt es, dass äußerlich diese nachgeordneten Fragen gewichtiger erscheinen, als sie es von der Sache her eigentlich sind.«

» Wenn jemand einfach sagt, die Amtsfrage würde uns trennen, ist er verpflichtet zu sagen, *was* eigentlich in der Amtsfrage trennt. Denn selbstverständlich gibt es auch in der evangelischen Kirche Amtsträger. Es gibt die Ordination, es gibt ein Amt, das verpflichtet ist auf die Botschaft der Apostel, also auf die apostolische Lehre. Insofern müsste sehr genau klargemacht werden, wo eigentlich die Differenzen sind.«

Peter Neuner, Professor für katholische Dogmatik, München

Ähnlich argumentiert Peter Neuner: »Die Punkte, die trennen, beziehen sich in aller Regel nicht auf die Inhalte des Glaubens, sondern auf die Vermittlungsstruktur des Glaubens.« Wie erfolgt die Glaubensvermittlung, erfolgt sie in der rechten Weise? Was ist die rechte Weise der Vermittlung? Und damit stellt sich dann die Frage nach dem Amts- und damit auch des Kirchenverständnisses. Davon abhängig ist wieder die Sakramententheologie, das Sakramentenverständnis, das in seiner jetzigen Form Abgrenzung und Verbote hervorruft.

Zu einfach darf man es sich dabei an diesem Punkt nicht machen. Der immer wieder vorgebrachte, lapidare Hinweis, die Amtsfrage trenne nun einmal katholische und evangelische Christen, reicht angesichts der Entwicklung, die seit dem Zweiten Vatikanischen Konzil stattgefunden hat, nicht aus. Peter Neuner: »Wenn jemand einfach sagt, die Amtsfrage würde uns trennen, ist er verpflichtet zu sagen, was eigentlich in der Amtsfrage trennt. Denn selbstverständlich gibt es auch in der evangelischen Kirche Amtsträger. Es gibt die Ordination, es gibt ein Amt, das verpflichtet ist auf die Botschaft der Apostel, also auf die apostolische Lehre. Insofern müsste sehr genau klargemacht werden, wo sind eigentlich die Differenzen? Wenn man hier überlegt und dies präzis darstellen will, wird es sehr schwierig zu sagen, wo hier eigentlich die Unterschiede sind.«

Was ist die Apostolische Sukzession?

Eint die evangelischen und katholischen Christen mehr, als sie trennt? In gewisser Weise schon, meint Gunther Wenz, Professor für Systematische Theologie an der Evangelischen Fakultät der Ludwig-Maximilians-Universität in München. Alle kirchentrennenden Streitfragen, die in den letzten fünf Jahrzehnten diskutiert wurden, sind seiner Meinung nach bis auf eine geklärt: Geblieben ist der harte Kern des Problems. Er betrifft die Lehre vom kirchlichen Amt und damit die Lehre von der Kirche insgesamt. Insbesondere geht es um die Frage: »Wie verhält sich eigentlich das Priestertum, an dem alle getauften Glaubenden partizipieren, zum ordinationsgebundenen Amt der Kirche? Das ist die ökumenische Meisterfrage schlechthin!« Beide Kirchen kennen und bejahen das gemeinsame bzw. allgemeine Priestertum aller Gläubigen. Hinzu kommen – und das ist spezifisch katholisch – zwei Ämter: Das Amt des geweihten Bischofs und das des geweihten Priesters in der Nachfolge der Apostel. Die evangelische Kirche dagegen begrenzt ihr Amtsverständnis auf den ordinierten, beauftragten Pfarrer, die Pfarrerin. Auch ein evangelischer Bischof, eine Bischöfin, bleibt im Grunde Pfarrer bzw. Pfarrerin. Sie handeln als Amtsträger allerdings auf verschiedenen Ebenen.

Die unterschiedlichen Sichtweisen auf das Amt in der Kirche, darauf weist der Regensburger Bischof Gerhard Ludwig Müller, der Vorsitzende der Ökumene-Kommission der Deutschen Bischofskonferenz hin, sind dadurch bedingt, dass für katholische und orthodoxe Christen zur Kontinuität der Kirche der sichtbare Nachweis etwa durch die Handauflegung bei der Bischofs- und Priesterweihe gehört, »während auf evangelischer Seite Kirche vorwiegend verstanden wird als *creatura verbi*, als eine manifeste Wirklichkeit, die immer aus dem verkündigten Wort hervorgeht und aus der Annahme des Wortes im Glauben, sodass hier Kirche mehr aktualistisch gefasst wird, während wir Katholiken stärker die historische Kontinuität betonen«. Die neuesten ökumenischen Gespräche hätten aber gezeigt, dass sich so gut wie nie glatte, hundertprozentige Gegensätze gegenüberstünden. Wichtig sei es deshalb, im ökumenischen Gespräch jeweils die Anliegen der anderen Seite zu verstehen, um bei der gegenseitigen Annäherung »billige Kompromisse« zu vermeiden und stattdessen echte Fortschritte zu erzielen.

Lange Zeit wurde in dem Zusammenhang über den sogenannten *defectus ordinis* diskutiert. Auf katholischer Seite lautete die Argumentation so: Weil die evangelische Kirche das Weihesakrament für Bischöfe und Priester nicht kennt, hat sie die bis zum 16. Jahrhundert ununterbrochene Kette der Handauflegungen zerstört und ist deshalb aus der Apostolischen Sukzession, aus der Nachfolge der Apostel, herausgefallen. Aus katholischer Sicht haftete evangelischen Amtsträgern also lange Zeit ein Defizit an. Zum Teil gibt es diese Meinung heute noch.

Für Professor Otto Hermann Pesch ist die »Sache mit dem sogenannten *defectus ordinis*«, dem Fehlen des Weihesakramentes in den evangelischen Kirchen, »eine besonders ärgerliche Sache, voll von Kurzschlüssen und Denkverweigerungen«. Wer sich dabei auf die Texte des Zweiten Vatikanischen Konzils berufe, müsse schon sehr genau lesen, um falsche Interpretationen zu vermeiden. Im Ökumenismusdekret (Punkt 22) werde das Fehlen des Weihesakraments zwar in einem Nebensatz angesprochen, an den sich aber »im Hauptsatz die größtmögliche Anerkennung der Gottesdienste in den Kirchen der Reformation anschließt. Zitat: ›Obgleich bei den von uns getrennten kirchlichen Gemeinschaften die aus der Taufe hervorgehende volle Einheit mit uns fehlt, und obgleich sie nach unserem Glauben vor allem wegen des Fehlens des Weihesakraments die ursprüngliche und vollständige Wirklichkeit des eucharistischen Mysteriums nicht bewahrt haben, bekennen sie doch bei der Gedächtnisfeier des Todes und der Auferstehung des Herrn im Heiligen Abendmahl, dass hier die lebendige Gemeinschaft mit Christus bezeichnet werde, und sie erwarten seine glorreiche Wiederkunft.‹ Der Nebensatz ist also eine Problemanzeige für das damals beginnende, anbrechende ökumenische Gespräch. Aber er wird üblicherweise wie ein Hauptsatz zitiert, und der eigentliche Hauptsatz wird dann weggelassen.

Zweitens: Dieser Hinweis auf den sogenannten *defectus ordinis* ist der Stand der Diskussion von 1964, als das Ökumenismusdekret verabschiedet wurde, also eine Problemanzeige für den künftigen Dialog. Er wird aber landauf, landab zitiert wie ein letztes Wort zur Sache. Drittens: Kein vernünftiger Theologe glaubt heute an die ununterbrochene Kette der Handauflegung von irgendeinem der zwölf Apostel bis zum letzten Kaplan. Abgesehen davon, dass sie auch gar nicht nachweisbar wäre. Die Apostolische Sukzession war und ist immer Sukzession, also Kontinuität in der Apostolischen Lehre. Diese gemeinsame apostolische Lehre, in der man gemeinsam geblieben ist, ist in der Gemeinsamen Erklärung zur Rechtfertigungslehre von 1999 ausdrücklich bestätigt. Also könnte man den nächsten Schritt tun. Der Ökumenische Arbeitskreis evangelischer und katholischer Theologen hat gerade mit dem dritten Band das große Projekt ›Das kirchliche Amt in Apostolischer Nachfolge‹ abgeschlossen. Er schließt mit dem Votum, dass wir alle theologischen Voraussetzungen beieinander haben, um so etwas wie eine ›Gemeinsame Erklärung II zum kirchlichen Amt in apostolischer Nachfolge‹ in positiver Weise beginnen zu können. Also mit einem Satz: Der *defectus ordinis,* wenn er immer noch als Einwand zitiert wird, ist eine Schutzbehauptung, mehr nicht.«

Konkrete Anzeichen, wann eine neue Gemeinsame Erklärung erscheinen könnte, seien derzeit nicht erkennbar. Aber wenn sie denn kommen sollte, müsste sie den Begriff *ordo* (kirchliche Ordnung) exakt definieren. »Auch evangelischerseits ist das ordinationsgebundene Amt nicht lediglich Delegation der Gemeinde«, sagt Professor Gunther Wenz. Aber er fügt hinzu: »Durch die Ordination wird kein gesteigerter Gnadenstand begründet. Die Ordination begründet auch keine Exklusiv-Kompetenzen hinsichtlich der Gewährleistung, der Identität und der Kontinuität des Glaubens durch die Zeiten. Öffentlich zu lehren, das ist nach Ausweis der *Confessio Augustana,* des Augsburgischen Bekenntnisses, das Eigentümliche des ordinationsgebundenen Amtes.«

»Durch die Ordination wird kein gesteigerter Gnadenstand begründet. Die Ordination begründet auch keine Exklusiv-Kompetenzen hinsichtlich der Gewährleistung, der Identität und der Kontinuität des Glaubens durch die Zeiten. Öffentlich zu lehren, das ist nach Ausweis der *Confessio Augustana*, des Augsburgischen Bekenntnisses, das Eigentümliche des ordinationsgebundenen Amtes.«

Gunther Wenz, Professor für Systematische Theologie, München

Ergibt sich hier ein Widerspruch zur katholischen Position? Wohl kaum, die gegenseitigen Annäherungen gehen schon sehr weit. Bischof Gerhard Ludwig Müller gibt zwar zu bedenken, dass sich der Weltprotestantismus als überaus vielfältig erweist und dies die Auseinandersetzung nicht unbedingt erleichtert. Allein innerhalb der klassischen lutherisch-evangelischen Theologie in Deutschland erkennt er wenigstens zwei Grundrichtungen. Eine Gruppe – für Müller die Minderheit – sagt: »Die Ordination ist nicht nur einfach ein menschlicher Akt zur Bestellung von Amtsträgern, sondern es geschieht ja durch Handauflegung, auch durch Anrufung des Heiligen Geistes. Also hier handelt Gott. Gott selbst setzt die Diener seiner Kirche ein. Das ist ja auf der Linie, die auch wir betonen. Auf der anderen Seite gibt es aber auch diese Richtung, die sagt, das Amt ist eigentlich nur eine Ausübung dessen, was der Allgemeinheit übertragen ist.«

Hinter der letzten Argumentation, so Bischof Müller, stecke die Befürchtung jener evangelischen Christen, die meinen, in der katholischen Kirche würden die Amtsträger wie eine eigene kirchliche Gruppierung, wie eine »Kaste« über den Rest der Gläubigen gestellt, gleichsam wie die selbstständige Gruppe der Vermittler zwischen dem einzelnen Gläubigen und Gott. »Dieser Vorwurf ist nach katholischem Verständnis nicht richtig. Wir verstehen uns selber nicht so, wie es uns vorgeworfen wird. Denn die Unmittelbarkeit eines jeden einzelnen Gläubigen zu Gott ist ja gegeben, im Gebet, in den Sakramenten. Aber eben entsprechend der leibhaftigen, der sozialen Verfassung des Menschen, sodass der Apostel, der Bischof als Vermittler nicht trennend zwischen die Gläubigen und Gott tritt, sondern in diesem leibhaftigen und sozialen Vollzug unseres Glaubens eben ganz konkret inkarnatorisch, sakramental sichtbar macht, dass dieses Verhältnis von Gott und Mensch nicht platonisch, rein geistig zu verstehen ist, sondern vermittelt durch die Grundvollzüge des Menschen.«

> »Davon sind wir einfach überzeugt, dass das Heil niemand sakramental vergegenwärtigen kann, wenn er nicht von Christus selber beauftragt wird. Die Beauftragung durch die Gemeinde als solche kann nicht ausreichen.«
>
> *Bischof Gerhard Ludwig Müller, Regensburg*

Oder noch einmal anders formuliert: Schon das Zweite Vatikanische Konzil sagt, dass es keinen Gegensatz gibt zwischen dem gemeinsamen Priestertum aller Gläubigen und dem besonderen Priestertum der geweihten Amtsträger. Das gemeinsame Priestertum, begründet für jeden Christen in der Taufe und der Firmung, bleibt auch bei den zum Priester Geweihten. Sie sind darüber hinaus aber jene Personen, so Bischof Müller, »die durch Christus selber, das heißt durch die Weihe bestellt werden, in seinem Namen als Haupt der Kirche zu handeln«. So gesehen haben sie »eine andere Sendung zum Dienst für die Gesamtheit der Kirche«. Und deshalb muss nach Gerhard Ludwig Müller von katholischer Seite der Weihe-Charakter, das heißt die unmittelbare Christusbeauftragung eingefordert werden, »denn davon sind wir einfach überzeugt, dass das Heil niemand sakramental vergegenwärtigen kann, wenn er nicht von Christus selber beauftragt wird. Die Beauftragung durch die Gemeinde als solche kann nicht ausreichen«. Er persönlich glaube, dass dies von evangelischer Seite auch nicht bestritten, sondern nur anders formuliert werde.

Alles also nur ein Streit um Worte? Der evangelische Theologe Gunther Wenz verneint und bringt einen weiteren Begriff ins Spiel, den der Autorität. Der Unterschied zwischen dem allgemeinen Priestertum aller Getauften und den geweihten Priestern betreffe letztlich die Autoritätsfrage. Wer hat die Vollmacht, authentisch zu lehren? Wer gibt die Gewähr für die Identität und die Kontinuität des christlichen Glaubens durch die Zeiten? Nach katholischer Lehre ist das die Gemeinschaft der Bischöfe untereinander und zusammen mit dem Bischof von Rom, dem Papst. Auf evangelischer Seite liegt die Autorität dagegen bei den kirchenleitenden Organen, den Synoden. Wenn um die kirchlichen Ämter einschließlich der Apostolischen Nachfolge gerungen wird, geht es im Kern also immer auch um die Frage der kirchlichen Autorität und damit um die kirchliche Verfassungsstruktur.

Das Papstamt – das größte Hindernis auf dem Weg zur Ökumene?

Das Amt mit dem größten Machtanspruch in der katholischen Kirche ist bekanntlich das Papstamt. Selbstkritisch hat Papst Paul VI. in den Sechzigerjahren des letzten Jahrhunderts davon gesprochen, dass es das größte Hindernis auf dem Weg zur Ökumene sei. Das war zu Zeiten des Zweiten Vatikanischen Konzils. Seitdem sind einige Überlegungen angestellt worden, wie sich dieses Hindernis beseitigen ließe. Erfolge sind kaum zu verbuchen. Kurienkardinal Walter Kasper, der Präsident des päpstlichen Rates für die Einheit der Christen, meint zwar, »dass der Papst der Anti-Christ ist, das wird heute kein vernünftiger Evangelischer mehr sagen«. Für die ökumenische Verständigung ist das zu wenig, entgegnet Professor Otto Hermann Pesch. Auf die Frage, ob die Aussage von Papst Paul VI. heute noch zutreffe, müsse man auch mehr als 40 Jahre später schlicht antworten: »Sie gilt immer noch!«

Einen Beleg liefert Papst Johannes Paul II. In seiner Enzyklika *Ut unum sint* – Damit alle eins seien aus dem Jahr 1995 schreibt er in Nummer 88: »Die Überzeugung der katholischen Kirche in Treue zur apostolischen Überlieferung und zum Glauben der Väter, im Amt des Bischofs von Rom das sichtbare Zeichen und den Garanten zur Einheit bewahrt zu haben, stellt freilich eine Schwierigkeit für den Großteil der anderen Christen dar, deren Gedächtnis durch gewisse schmerzliche Erinnerungen gezeichnet ist.« Einige Seiten zuvor beschreibt Johannes Paul II. das Wesen der päpstlichen Sendung mit den Worten: »Durch die Stimme des Bischofs von Rom hören die Bischöfe die Stimme Christi.« Wer so formuliert, sagt Otto Hermann Pesch, der signalisiert seinen ökumenischen Gesprächspartnern, dass ihm an einer ergebnisoffenen Diskussion über das Papstamt nicht gelegen ist. Und deshalb müssten Versuche, wie sie zuletzt der Evangelische Landesbischof in Bayern, Johannes Friedrich, gemacht hat, scheitern. Friedrich hatte vorgeschlagen, der Papst könne vielleicht in juristisch abgesicherter Form als Sprecher der ganzen Christenheit auftreten.

»Ich meine, dass es für die Weltchristenheit und für ihren Einfluss in der Welt ganz wichtig wäre, wenn man zu bestimmten Themen mit einer Stimme, möglichst einer Person oder auch einem kleinen Gremium sprechen könnte. Ich habe immer gesagt: Das kann der Papst sein, das können aber auch die Präsidenten des Ökumenischen Rates der Kirchen sein.«
Landesbischof Johannes Friedrich, München

Dabei sind aus exegetischer und kirchengeschichtlicher Sicht sehr differenzierte Aussagen zum Papstamt möglich. Otto Hermann Pesch: »Es hat von Anfang an so etwas wie einen Petrusdienst in der Kirche gegeben. Dort, wo in der Kirche und auch außerhalb Roms und in anderen Weltgegenden Konflikte aufbrachen, ist es bald dazu gekommen, dass auch Rom hilfreich eingegriffen hat. Aber etwas ganz anderes ist ein Petrusamt als Institution mit Primats- und Unfehlbarkeitsvollmacht, wie das seit dem Ersten Vatikanischen Konzil kirchliche Lehre ist. Das ist auf alle Fälle ein Ergebnis der Geschichte. Und daher, das ist durch die exegetische und kirchengeschichtliche Forschung eindeutig klargestellt, ist es auch unbegrenzt reformierbar.«

Johannes Friedrich ist übrigens nach wie vor der Meinung, dass sein Vorschlag, der Papst könne Sprecher aller Christen sein, tauglich ist. Allerdings unter ganz bestimmten Bedingungen: Theologisch betrachtet hält

Friedrich das Papstamt – so wie schon Martin Luther – nicht für das größte ökumenische Problem. Luther war der Meinung, die Klärung in der Rechtfertigungslehre sei viel wichtiger als die Beilegung des Streits um das Papstamt. Wenn es heutzutage gelänge, so Friedrich, »theologisch zu einem Ergebnis zu kommen, was das Bischofsamt ist, dann ist das Papstamt kein ganz großes Problem mehr. Ich meine, dass es für die Weltchristenheit und für ihren Einfluss in der Welt ganz wichtig wäre, wenn man zu bestimmten Themen mit einer Stimme, möglichst einer Person oder auch einem kleinen Gremium sprechen könnte. Ich habe immer gesagt: Das kann der Papst sein, das können aber auch die Präsidenten des Ökumenischen Rates der Kirchen sein. Aber ich habe gesagt, das kann der Papst nur dann sein, wenn er alle Kirchen, für die er dann sprechen würde, auch als Kirchen anerkennen würde. Das ist ein Punkt, der uns im Moment noch trennt. Und dann müsste er auf Unfehlbarkeit und Ähnliches verzichten. Unter diesen Voraussetzungen bleibe ich weiter dabei, dass dies möglich wäre«.

Von der »Rechtfertigungserklärung« zu »Dominus Jesus«

Die Gemeinsame Erklärung zur Rechtfertigungslehre, am 31. Oktober 1999 in Augsburg feierlich von Vertretern des Lutherischen Weltbunds und des Vatikan unterzeichnet, wird gemeinhin als ein »Markstein in der Geschichte der Ökumene« bezeichnet, auf dem jetzt die noch fehlenden Schritte einer weiteren Annäherung der Konfessionen aufgesetzt werden könnten. »Einspruch!«, rufen an dieser Stelle all jene, die schon 1999 gegen die Gemeinsame Rechtfertigungserklärung Widerstand leisteten. Und das war vor allem eine große Gruppe evangelischer Universitätstheologen. Professorin Dorothea Wendebourg, Lehrstuhlinhaberin für Mittlere und Neuere Kirchengeschichte an der theologischen Fakultät der Humboldt-Universität in Berlin, hält die Rechtfertigungserklärung – heute wie damals – für hoch umstritten, verweist darauf, »dass der Status innerhalb des römisch-katholischen Gefüges nicht sehr hoch ist« und – ganz wichtig – »dass die Unterzeichnung auch letztlich nicht der Gemeinsamen Erklärung galt, sondern der Gemeinsamen offiziellen Feststellung«.

In der Tat war es so, dass die Unterzeichnung der Rechtfertigungserklärung noch wenige Monate vor dem 31. Oktober 1999 zu scheitern drohte. Jahrelang war um den Text gerungen worden, immer wieder gab es von beiden Seiten Einwände und Korrekturwünsche. Das Projekt drohte zu ersticken. Um einen Ausweg aus dem Dilemma zu finden, gelang es schließlich im Mai 1999, ein Zusatzdokument, eine »Gemeinsame offizielle Feststellung«, zu formulieren, die der »Gemeinsamen Erklärung zur Rechtfertigungslehre« beigefügt wurde. Kernpunkt der offiziellen Feststellung ist der Satz: »Durch diesen Akt der Unterzeichnung bestätigen die Katholische Kirche und der Lutherische Weltbund die Gemeinsame Erklärung zur Rechtfertigungslehre in ihrer Gesamtheit.« Und dies wiederum heißt: Zwischen Lutheranern und Katholiken besteht ein Konsens in Grundwahrheiten der Rechtfertigungslehre.

Die Kritiker hat das alles nicht zufriedengestellt. Für Professorin Dorothea Wendebourg ist das Zusatzpapier, die Gemeinsame Feststellung, nichts anderes als »eine römisch-katholische Interpretation der Gemeinsamen Erklärung«. Erschwerend komme noch hinzu, dass die Synoden der Evangelisch-lutherischen Landeskirchen vor zehn Jahren keine Chance erhalten hätten, zu den Zusätzen zur Gemeinsamen Erklärung Stellung zu beziehen, geschweige denn darüber abzustimmen. Von einem Markstein in der ökumenischen Entwicklung könne deshalb keine Rede sein. »Ich

» Wenn man wirklich eine Gemeinsamkeit in der Rechtfertigung hätte, dann wäre man viel weiter im gemeinsamen Verständnis der Kirche. Also wir haben dieses Papier, das von den einen gefeiert wurde, von den andern mit Skepsis betrachtet wird. Es hat keinerlei Folgen für ein weiteres Aufeinander-Zugehen der Kirchen gehabt. Und das ist ja auch klar, weil der jetzige Papst die Sache mit äußerstem Vorbehalt betrachtet.«

Dorothea Wendebourg, Professorin für Mittlere und Neuere Kirchengeschichte, Berlin

würde nicht sagen, dass die Papiere von 1999 wertlos sind. Aber sie bringen nicht so viel, wie ihnen manche Menschen zuschreiben. Und es ist ja auch kein Zufall, dass daraufhin nichts erfolgt ist. Wir haben kurz danach dann im Jahr 2000 einen großen Ablass gehabt. Ein römisch-katholischer Kollege sagte einmal, wenn man wirklich eine Einigung in der Rechtfertigung ernst nehmen wollte, könnte es keinen Ablass mehr geben. Dasselbe gilt für die Lehre von der Kirche. Wenn man wirklich eine Gemeinsamkeit in der Rechtfertigung hätte, dann wäre man viel weiter im gemeinsamen Verständnis der Kirche. Also wir haben dieses Papier, das von den einen gefeiert wurde, von den andern mit Skepsis betrachtet wird. Es hat keinerlei Folgen für ein weiteres Aufeinander-Zugehen der Kirchen gehabt. Und das ist ja auch klar, weil der jetzige Papst die Sache mit äußerstem Vorbehalt betrachtet.«

Was ist der Kern des gemeinsamen Verständnisses der Rechtfertigung? Worauf haben sich Lutheraner und Katholiken unter anderem geeinigt? In der Gemeinsamen Erklärung heißt es wörtlich: »Wir bekennen gemeinsam, dass der Mensch im Blick auf sein Heil völlig auf die rettende Gnade Gottes angewiesen ist. Die Freiheit, die er gegenüber den Menschen und den Dingen der Welt besitzt, ist keine Freiheit auf sein Heil hin. Das heißt, als Sünder steht er unter dem Gericht Gottes und ist unfähig, sich von sich aus Gott um Rettung zuzuwenden oder seine Rechtfertigung vor Gott zu verdienen oder mit eigener Kraft sein Heil zu erreichen. Rechtfertigung geschieht allein aus Gnade.« So ein Teil des Textes, den beide, der Lutherische Weltbund wie der Vatikan, unterschrieben haben.

Dass die unterzeichnete Erklärung bis heute so gut wie keine sichtbaren, praktischen Folgen hatte und sich deshalb der Nutzen solch ökumenischer Kernsätze den meisten Christen nur schwer erschließt, dürfte unstrittig sein. Der Theologe hat es da schon einfacher. Professor Otto Hermann Pesch beschreibt den bleibenden Wert der Erklärung so: »Wenn ich vor dem 31. Oktober 1999, elf Uhr, bei einem Vortrag sagte, in der Rechtfertigungslehre sind wir eigentlich so einig, dass die Kirchentrennung daran nicht mehr entstehen würde, wenn es sie nicht schon gäbe, dann konnte jeder in der Diskussion sagen: Was sagt die Lehre der Kirche dazu? Was sagen die Bekenntnisschriften dazu? Und dann musste ich sagen: Ich vertrete hier meine persönliche wissenschaftliche Überzeugung, mit der ich weithin nicht alleine stehe, aber es ist meine Privatmeinung. Nach elf Uhr am 31. Oktober 1999 ist es umgekehrt. Jetzt vertritt der Gegner seine Privatmeinung, während ich sagen kann, ich vertrete hier die gemeinsam dokumentierte Meinung unserer beiden Kirchen. Das ist ein gewaltiger Unterschied, ob ich in dieser Form auftreten kann oder nicht.«

Die »Amtlichkeit« der Rechtfertigungserklärung zu akzeptieren, fällt anderen dagegen schwer. Insofern bleibt fraglich, ob man in dem Zusammenhang von »ökumenischen Erfolgen« sprechen kann. Dabei gab es ja weiter Bemühungen, Fortschritte in der Ökumene zu dokumentieren. Im April 2007 unterzeichneten elf Kirchen in Deutschland, darunter orthodoxe und altorientalische Kirchen, evangelische Freikirchen, die Evangelische Kirche in Deutschland (EKD), die Altkatholische Kirche und die Römisch-katholische Kirche in Deutschland, eine Erklärung zur wechselseitigen Anerkennung der Taufe. Die Taufe, so heißt es, ist Teilhabe an Tod und Auferstehung, sie ist die Neugeburt in Jesus Christus. »Wer dieses Sakrament empfängt und im Glauben Gottes Liebe bejaht, wird mit Christus und zugleich mit seinem Volk aller Zeiten und Orte vereint. Als ein Zeichen der Einheit aller Christen verbindet die Taufe mit Jesus Christus, dem Fundament dieser Einheit. Trotz Unterschieden im Verständnis von Kirche besteht zwischen uns ein Grundeinverständnis über die Taufe. Deshalb erkennen wir jede nach dem Auftrag Jesu im Namen des Vaters und des Sohnes und des Heiligen Geistes mit der Zeichenhandlung des Untertauchens im Wasser bzw. des Übergießens mit Wasser vollzogene Taufe an und freuen uns über jeden Menschen, der getauft wird. Diese wechselseitige Anerkennung der Taufe ist Ausdruck des in Jesus Christus gründenden Bandes der Einheit (Epheser 4,4–6). Die so vollzogene Taufe ist einmalig und unwiederholbar.«

Abschließend wird betont, dass die Taufe in Christus ein Ruf an die Kirche sei, »ihre Trennungen zu überwinden und ihre Gemeinschaft sichtbar zu manifestieren«. – Sieben Jahre älter (erstmals vorgestellt am 4. September 2000, feierlich unterzeichnet beim ersten Ökumenischen Kirchentag 2003 in Berlin) und erheblich umfangreicher als die Gemeinsame Taufanerkennung ist die Studie *Communio Sanctorum* – Gemeinschaft der Heiligen, verfasst von einer bilateralen Arbeitsgruppe der Deutschen Bischofskonferenz und der Vereinigten Evangelisch-Lutherischen Kirchen Deutschlands VELKD. Ausgehend von der Erkenntnis, dass die »angestrebte Einheit im Glauben nicht Einheitlichkeit bedeutet, sondern eine Vielfalt, in der verbleibenden Unterschieden keine kirchentrennende Kraft zukommt«, geht dieses Papier nach der Methode des »differenzierten Konsens« vor. In zwei Schritten wird geprüft, »ob die Lehre der einen Seite das eigentliche Anliegen der anderen Seite wirklich ausschließt. Ist das nicht der Fall, muss weiter gefragt werden, ob die Anliegen und Auslegungsschwerpunkte, die der einen Seite in ihrer Lehre vordringlich sind, in der Lehre der anderen Seite so deutlich gewahrt sind, dass sie weder übersehen noch missverstanden werden können«.

Nach Professor Otto Hermann Pesch gibt es kein ökumenisches Dokument, in dem die »dunkle Geschichte des Papsttums« als ökumenisches Hindernis so offen eingestanden wird wie in *Communio Sanctorum*. In der Öffentlichkeit sei das viel zu wenig bekannt. Andererseits müsse man aber zugeben, dass auch den evangelischen Christen im selben Text einiges zugemutet werde, etwa bei der Gewichtung der beiden letzten marianischen Dogmen, der »Unbefleckten Empfängnis« (1854) und der »Leiblichen Aufnahme Mariens in den Himmel« (1950).

Gibt es eine wahre Kirche?

Am 4. September 2000 wurde der Text *Communio Sanctorum* veröffentlicht. Fast zeitgleich erschien am 6. August desselben Jahres die vom damaligen Präfekten der Vatikanischen Glaubenskongregation, Kardinal Joseph Ratzinger, unterzeichnete Erklärung *Dominus Jesus.* Über die Einzigkeit und Heilsuniversalität Jesu Christi und der Kirche. Dieses Schreiben wurde vielfach als großer ökumenischer Rückschritt kritisiert. Die Kritiker der Gemeinsamen Erklärung zur Rechtfertigungslehre von 1999 fühlten und fühlen sich bestätigt. Eine Passage des Textes, die für eine nachhaltige Verärgerung gesorgt hat, sticht besonders hervor: Die Erklärung *Dominus Jesus* definiert aus katholischer Sicht, was die wahre Kirche auszeichnet. In Kapitel IV, Einzigkeit und Einheit der Kirche, heißt es unter Punkt 17 wörtlich:

»Es gibt also eine einzige Kirche Christi, die in der katholischen Kirche subsistiert und vom Nachfolger Petri und von den Bischöfen in Gemeinschaft mit ihm geleitet wird. Die Kirchen, die zwar nicht in vollkommener Gemeinschaft mit der katholischen Kirche stehen, aber durch engste Bande, wie die apostolische Sukzession und die gültige Eucharistie, mit ihr verbunden bleiben, sind echte Teilkirchen. Deshalb ist die Kirche Christi auch in diesen Kirchen gegenwärtig und wirksam, obwohl ihnen die volle Gemeinschaft mit der katholischen Kirche fehlt, insofern sie die katholische Lehre vom Primat nicht annehmen, den der Bischof von Rom nach Gottes Willen objektiv innehat und über die ganze Kirche ausübt. Die kirchlichen Gemeinschaften hingegen, die den gültigen Episkopat und die ursprüngliche und vollständige Wirklichkeit des eucharistischen Mysteriums nicht bewahrt haben, sind nicht Kirchen im eigentlichen Sinn; die in diesen Gemeinschaften Getauften sind aber durch die Taufe Christus eingegliedert und stehen deshalb in einer gewissen, wenn auch nicht vollkommenen Gemeinschaft mit der Kirche. Die Taufe zielt nämlich hin auf die volle Entfaltung des Lebens in Christus durch das vollständige Bekenntnis des Glaubens, die Eucharistie und die volle Gemeinschaft in der Kirche.«

Dieser vatikanische Text, weniger als zwölf Monate nach der Augsburger Erklärung zur Rechtfertigungserklärung veröffentlicht, brachte den Dialog zwischen den Konfessionen in erhebliche Turbulenzen. Die Folge: Das Gespräch drohte zu erkalten, die Rede von der »ökumenischen Eiszeit« machte die Runde. So viel Dominanz-Streben seitens der katholischen Kirche hatten die wenigsten zu diesem Zeitpunkt erwartet. Die Wirkung dieses Textes bezeichnet Professor Peter Neuner als »verheerend«. In der Rückschau, neun Jahre später, schränkt er das anfängliche Entsetzen jedoch etwas ein: »Was hier in *Dominus Jesus* gesagt wird, ist fast wörtlich die Grundaussage des Ökumenischen Rats der Kirchen über sein Selbstverständnis. Auch die Kirchen des Ökumenischen Rates müssen sich nicht gegenseitig als Kirchen anerkennen. Wenn wir uns gegenseitig als Kirchen voll anerkennen könnten, dann wäre die ökumenische Arbeit ja getan. Dann wären wir ja am Ziel. Das ist aber nicht der Fall. Bei einer sehr genauen und scharfen Interpretation von *Dominus Jesus* müssen wir sagen: Hier ist eigentlich nicht mehr formuliert als die Basis ökumenischen Grundverständnisses, wie es heute nun ist. Ob es allerdings glücklich war, in dieser schroffen Weise – und dann ist es ja 2007 noch einmal wiederholt worden – in dieser schroffen Weise das, was noch nicht ist, so apodiktisch hinzustellen, ohne irgendeine Spur dessen, was ja nun wirklich erreicht wurde, welche Fortschritte gemacht wurden, das wage ich sehr zu bezweifeln. Wenn man schon so spricht, hätte man auch die Interpretationsmöglichkeiten und den Kontext deutlich machen müssen. Von der Sache her scheint mir, dass *Dominus Jesus* nicht so dramatisch ist, wie es ursprünglich verstanden wurde. Aber von der Wirkung her war es verheerend.«

Allen anderen Beteuerungen zum Trotz, etwa dass Ökumene als ›Einheit in Vielfalt‹ zu verstehen sei, habe die katholische Kirche mit *Dominus Jesus* gezeigt, dass für sie alles auf eine Rückkehr-Ökumene hinausläuft. Davon ist Dorothea Wendebourg überzeugt. »Ich weiß nicht, wie man, wenn man diese katholischen Voraussetzungen hat, sich fundamental bewegen kann. Das muss man ehrlicherweise sagen. Wenn man eine bestimmte Theorie von der Kirche und von sich selbst als Kirche hat, dann kann man schwer davon runter. Und dann ist die einzige Lösung, dass die andere Kirche diese Konzeption und alle praktischen Folgerungen daraus akzeptiert. Das können wir Evangelische aber nicht. Wir haben es in mancher Hinsicht leichter. Wir sagen zwar auch, dass wir verschiedene Dinge an der römisch-katholischen Kirche, ihrer Lehre, Praxis falsch finden. Aber das führt nicht dazu zu sagen, das sei keine Kirche Jesu Christi. Insofern können wir mit den Problemen, die zwischen uns stehen, erheblich einfacher leben.«

Auch im Vatikan werden Fehler gemacht. *Dominus Jesus* ist deshalb für Otto Hermann Pesch nicht nur »eine kalte Dusche für den ökumenischen Prozess« im Heiligen Jahr 2000 gewesen, sondern ein »Betriebsunfall«. Konkret heißt das, so Pesch: »Wenn man – und das ist der Kern der Argumentation – sagt, nur eine Kirche mit bischöflicher Struktur in der apostolischen Sukzession kann den Namen Kirche beanspruchen, und deswegen bestenfalls die Ostkirchen, aber nicht die Kirchen der Reformation, dann ist das schon historisch falsch. Denn selbstverständlich haben die Kirchen der Reformation eine bischöfliche Struktur gehabt und haben sie bis heute, nämlich dass sie im Unterschied zu manchen kleinen Freikirchen davon ausgehen, dass ein kirchenleitendes, übergeordnetes Amt zum Wesen der Kirche gehört. Und zwar, wie es Dorothea Wendebourg formuliert: ›um der Katholizität der Kirche willen‹.«

Ausblicke und Ziele

Ökumeniker wie Kurienkardinal Walter Kasper, der Präsident des päpstlichen Rates für die Einheit der Christen, werden nicht müde zu betonen, dass es zurzeit weder eine Eiszeit noch einen Stillstand in der ökumenischen Entwicklung gibt. Der schnelllebige Mensch des 21. Jahrhunderts vergesse leider zu sehr, dass es ungefähr 450 Jahre so gut wie keinen Fortschritt bei der Annäherung von evangelischen und katholischen Christen gegeben hat. Seit dem Zweiten Vatikanischen Konzil habe sich das geändert. Die in den letzten vier Jahrzehnten erreichten ökumenischen Erfolge seien überwältigend. Der Satz »Es eint uns mehr, als uns trennt« gilt. Er sei ehrlich und richtig, so Kardinal Kasper.

Und dennoch merkt jeder, der sich mit dem Thema Ökumene auseinandersetzt, dass sich – wenn schon kein Stillstand gegeben ist – die Diskussion im Kreis dreht. Das Argumentationsmuster lautet dann so: »Wir haben schon mehr erreicht, als je zu hoffen war. Es eint uns mehr, als uns trennt. Wir würden auch gerne Abendmahl und Eucharistie miteinander feiern. Weil wir aber immer noch verschiedene Vorstellungen vom Amt in der Kirche haben, geht das nicht. Trotzdem sollten wir evangelischen und katholischen Christen so viel gemeinsam tun wie nur eben möglich. Die volle Kirchen-Einheit streben wir selbstverständlich nach wie vor an. Wann es so weit ist, kann niemand vorhersagen.«

» Was die Kommissionen an Texten produzieren, ist relativ weit entfernt von dem, was Menschen wirklich interessiert. Auch sprachlich sind die Texte kein besonderes Vergnügen. Und sie werden in den Kirchen nur wenig rezipiert, ernst genommen, umgesetzt. Insofern ist diese dogmatische Ökumene der Formel-Kompromisse ein eher hilfloses, folgenloses Unterfangen.«

Friedrich Wilhelm Graf,
Professor für Systematische Theologie und Ethik, München

Für Professor Friedrich Wilhelm Graf, Ethiker an der evangelischen Fakultät der Ludwig-Maximilians-Universität in München, ist diese floskelhafte Umschreibung der ökumenischen Situation zu großen Teilen ein Ergebnis der Beratungen von Kirchenvertretern und Universitätstheologen, die in den ökumenischen Kommissionen sitzen. Grafs Kritik gilt sowohl den offiziellen, ausführlichen Stellungnahmen wie den verkürzenden Zusammenfassungen: »Was die Kommissionen an Texten produzieren, ist relativ weit entfernt von dem, was Menschen wirklich interessiert. Auch sprachlich sind die Texte kein besonderes Vergnügen. Und sie werden in den Kirchen nur wenig rezipiert, ernst genommen, umgesetzt. Insofern ist diese dogmatische Ökumene der Formel-Kompromisse ein eher hilfloses, folgenloses Unterfangen. Was die Leute interessiert, ist ein gutes Miteinander im Alltag. Sie wünschen sich Kirchen, die bestimmte religiöse Dienstleistungen effizient und gut erbringen, erfahren dann aber immer wieder, dass das nicht besonders gut funktioniert. Stichwort Abendmahl.«

Ähnlich argumentiert Professorin Dorothea Wendebourg. Die Berliner Kirchenhistorikerin nennt die Mitglieder der Kommissionen »ökumenische Funktionäre«, die Positionen aufbauten, im Laufe der Jahrzehnte unzählige Stellungnahmen verfassten, aber letztlich »nicht repräsentativ« seien für ihre Kirchen und ihre Lehre. Zugleich würden dabei Erwartungen geweckt, die sich kaum erfüllen lassen. Beim Thema Abendmahl und Eucharistie habe sich regelrecht ein »Druck« aufgebaut, den Katholiken immer wieder zu sagen, »ihr müsst aber jetzt, wo wir doch genau wissen, nach dem eigenen Verständnis können sie das aber nicht. Warum tun wir das nicht, was wir als Evangelische tun können: Wir laden die Katholiken zum Abendmahl ein! Wir sollten an dem Punkt viel einladender und auch konsequenter sein, anstatt immer wie ein Hündchen zu betteln, bitte gebt uns jetzt auch eurerseits einmal das gemeinsame Abendmahl! Solange es nicht geht, soll man da keinen Druck auf das Gegenüber ausüben, sondern sagen: Wenn ihr nicht könnt, warum auch immer, unsere Türen stehen offen, bei uns könnt ihr kommunizieren.«

Das wäre dann allerdings eine Form der »Ökumene des Lebens«, die auf der katholischen Seite keine ungeteilte Zustimmung erfahren dürfte. Ein neuer, konfliktträchtiger Druck könnte entstehen. Denn offiziell ist es Katholiken nicht gestattet, am evangelischen Abendmahl teilzunehmen. Letztlich führt also kein Weg an einer offiziellen, amtlichen Übereinkunft zu den letzten strittigen Fragen der Ökumene – Amtsverständnis, Kirchenverständnis und davon abhängig Eucharistie und Abendmahl – vorbei, soll der evangelisch-katholische Dialog nicht versanden. Es bräuchte eine weitere, eine neue, verbindliche gemeinsame Erklärung auf der Basis aller bisher erzielten Dialogergebnisse, die in ihrer Gesamtheit zeigen, dass das Einende wirklich größer ist als das Trennende und deshalb Änderungen im praktischen Umgang möglich sind.

Der evangelische Ökumeniker Harding Meyer hat sich bereits im Oktober 2007 in einem bemerkenswerten Beitrag in der Jesuitenzeitschrift »Stimmen der Zeit« für diese Idee eingesetzt und sogenannte »*In-via*-Erklärungen« empfohlen, »Vergewisserungen – einerseits über das auf dem Dialogweg schon Erreichte und – andererseits – über das noch nicht Erreichte und die noch ausstehenden Aufgaben.« Könnten sich die Kirchenleitungen darauf einlassen, würde der verheißungsvolle Dialog der letzten Jahrzehnte vielleicht davor bewahrt, »eine bloße Episode zu bleiben und aus dem Bewusstsein unserer Kirchen zu verschwinden«.

» Man muss hier den Papst Benedikt immer wieder an das schöne Wort des Theologen Ratzinger aus den Fünfzigerjahren erinnern: ›Kirchen, die Kirchen bleiben und eine Kirche werden!‹ Das bedeutet gegenseitige Anerkennung, bedeutet nicht, dass auch die Ämterordnungen sofort angeglichen werden müssen.«

Otto Hermann Pesch, Professor em. für Systematische Theologie und Kontroverstheologie, Hamburg

Möglicherweise könnte dann auch die ökumenische Vision von Otto Hermann Pesch Wirklichkeit werden. Sie lautet so: »Es kann nur darum gehen, dass die Zukunft der christlichen Einheit in der Gemeinschaft von Kirchen besteht. Man muss hier den Papst Benedikt immer wieder an das schöne Wort des Theologen Ratzinger aus den Fünfzigerjahren erinnern: »Kirchen, die Kirchen bleiben und eine Kirche werden!« Das bedeutet gegenseitige Anerkennung, bedeutet nicht, dass auch die Ämterordnungen sofort angeglichen werden müssen. Ich habe die Vision, dass eine Konversion, in welche Richtung auch immer, so etwas ist wie der Wechsel von einer Gemeinde in eine andere, weil der oder die Konvertierende in der neuen Gemeinde für sich eine bessere Heimat für seinen Glauben zu finden meint. Denn auch innerhalb der Kirchen gibt es verschiedene Glaubensstile. Warum nicht auch die Verschiedenheit der Kirchen als Heimstatt solcher verschiedenen Glaubensstile betrachten und in dieser Hinsicht würdigen. Wenn also eine Konversion nicht immer gleich als Verrat oder noch Schlimmeres gebrandmarkt wäre, sondern ganz einfach als Wechsel in eine Gemeinde, wo der Stil des gelebten Glaubens einfach meinem Zugang zur Wahrheit des Christentums besser entspricht. Man kann ja heute schon sagen: Es gibt viele katholische Lutheraner, und selbstverständlich gibt es auch evangelische Katholiken. Und trotzdem bleibt es eine Gemeinschaft auf der Basis des Wortes Jesu: ›Im Hause meines Vaters sind viele Wohnungen.‹«

Ökumenische Verzauberung

Visionen religiöser Begegnungen jenseits von Institution und Diskussion

Von Georg Magirius

Wer Hoffnungsbilder für die Zukunft malt, wird oft von Vergangenem inspiriert. Das gilt auch für die Suche nach einer ökumenischen Vision für das 21. Jahrhundert. Kraftvoll weht der ökumenische Geist in einem Lied, das auf dem Evangelischen Kirchentag 1975 gesungen wurde.

Christen, seht euch um und staunt,
trotz vieler Herren, Glaubensnormen,
trotz vieler Zweifel, Mitgliedsformen,
seht euch um und staunt!
Singt und sagt Ja mit dem alten Ruf:
Ein Herr, ein Glaube, eine Taufe.
Und haltet fest die Einigkeit
im Geist durch das Band des Friedens.

Wer das von Dieter Trautwein geschriebene Lied in der Version des Komponisten Peter Janssens hört, kann von Schlagzeugwirbel, chorischer Energie und Aufbruchsfreude mitgerissen werden. Ein Lied aus dem Archiv jedenfalls klingt schwungvoller als kirchliche Verlautbarungen und ökumenische Stellungnahmen der Gegenwart. Ähnlich empfindet Otto Ziegelmeier, wenn er auf zurückliegende ökumenische Erfahrungen schaut. Der in Frankfurt lebende evangelische Pfarrer, der auf keinem kirchlichen Gehaltszettel steht, ist selbstständiger PR-Berater, gestaltet Webseiten und schreibt Texte. Im Ehrenamt betreibt er das überkonfessionelle Internet-Portal *Theology.de*. In den 1970er- und 1980er-Jahren hat er in der kirchlichen Jugendarbeit in Nördlingen, dann in der evangelischen Studentengemeinde in München erlebt, wie viel ökumenisch möglich war: »Es war ein herzliches und versöhntes Miteinander. Später in meiner Vikariatszeit hatten wir gemeinsame Dienstbesprechungen mit den katholischen Pfarrern. Auf Anhieb hätte man nicht gewusst: Ist das jetzt ein typischer Katholik oder ein typischer Protestant? Wir haben viel zusammen gemacht, Gottesdienste und selbst Abendmahl gemeinsam gefeiert.«

» Die Ökumene wird allmählich ausgebremst. Die Leute sind müde geworden, frustriert. Auf kirchlicher Seite zieht man sich hinter Profile zurück, die Verhärtungen zeigen. Ich sehe kaum noch das Bestreben, aufeinander zuzugehen. Da werden globale Ziele genannt: In ein paar Generationen sei etwas möglich – vielleicht. Nur, wenn man sagt, irgendwann einmal wird es klappen, dann klappt es nicht. Ich gehe auf die 50 zu, ich würde es noch gern erleben und insofern sollte man es auch jetzt probieren. Die Menschen leben jetzt!«

Otto Ziegelmeier, Pfarrer und Betreiber der überkonfessionellen Internetplattform www.theology.de

Umso mehr ärgert ihn, dass aus dem ökumenischen Wind allenfalls ein laues Lüftchen geworden ist. »Die Leute sind müde geworden, frustriert. Man zieht sich auf kirchlicher Seite hinter Profile zurück, die Verhärtungen zeigen. Ich sehe kaum noch das Bestreben, aufeinander zuzukommen und etwas gemeinsam zu tun. Da werden globale Ziele genannt: In ein paar Generationen sei etwas möglich – vielleicht. Nur, wenn man sagt, irgendwann einmal wird es klappen, dann klappt es nicht. Ich gehe auf die 50 zu, ich würde es noch gern erleben und insofern sollte man es auch jetzt probieren. Die Menschen leben jetzt!«

Otto Ziegelmeier wartet nicht ab, bis sich Kirchenspitzen wieder mutiger um die Einheit der Kirchen kümmern, er ist selber tätig geworden. Bereits 1999 hat er die Internetplattform *Theology.de* ins Netz gestellt, die über Theologie und Kirche informiert. Vier Millionen Besucher hat das inzwischen 4000 Seiten umfassende Portal, den monatlichen Newsletter haben mehr als 9000 abonniert. Neugierige, religiös Suchende und Interessierte können mit dem Pfarrer ins Gespräch kommen, ohne große Hürden zu überwinden. Sie schreiben eine E-Mail oder rufen an. Das sehr direkte Fragen der theologischen Nicht-Profis hält Ziegelmeier für ökumenisch inspirierend. Eine Familie etwa schildert, dass sie ihr Kind katholisch taufen lassen wollen. Die Patin sei evangelisch, alle seien einverstanden, nur der Pfarrer nicht. »Die sagen dann: Ich finde den katholischen Pfarrer nett, aber der lässt meine beste Freundin einfach nicht Patin werden. Und das verstehen sie nicht. Und ich verstehe es, dass die das nicht verstehen. Oder jemand sagt: Wir haben jetzt geheiratet, wir sind aus katholischer und evangelischer Tradition, und wir wollen beide beim anderen im Gottesdienst auch zum Abendmahl gehen. Das Abendmahl ist doch etwas Gemeinsames, ein Zeichen von Einheit – wieso dürfen wir denn da nicht hin? Das sind ganz normale Fragen ganz normaler Menschen.«

Für den Webmaster von *Theology.de* bildet dieses Fragen einen religiösen Reichtum, der Grenzen überwinden kann. Otto Ziegelmeier nennt diejenigen, die mit ihm ins Gespräch kommen, deshalb auch das Team von *Theology.de*. Sie haben die Webseite mitgestaltet, weil ihre Anregungen und Wünsche das Portal wachsen ließen, etwa zu den häufig aufgerufenen Informationsseiten über Trauung und Taufe führten. Von kirchlich-theologischen Spezialisten wird solch elementares Wünschen mitunter als unrealistisch, konfessionskundlich oder kirchenhistorisch unversiert abgetan. Otto Ziegelmeier jedoch hält es nicht für eine Vorstufe des Glaubens, sondern für das Gegenteil. Es sei jene kindliche Naivität, ohne die man laut Jesus nicht das Reich Gott empfängt (Mk 10,15) – also jene Wirklichkeit, in der Konfessionen ohnehin keine Rolle spielen. »Wenn man in der Bibel liest, denkt man manchmal: Was stellen die Jünger nur für dumme Fragen? Oder auch der ungläubige Thomas, der sagt: Ich glaube erst, wenn ich den Finger in die Wunde Jesu stecken kann. Dann kommt Jesus und sagt: Mach mal! Da merkt man, dass Ungeheuerlichkeiten gefragt und gedacht werden – und das ist okay. Diese Ungeheuerlichkeiten muss man auch heute denken und probieren. Wenn man die zwölf Jünger heute examinieren würde nach irgendeinem Examen irgendeiner Kirche, sei es evangelisch, katholisch, orthodox oder sonst was – die würden gnadenlos durchrasseln. Gnadenlos! Spätestens wenn die im Fach Neues Testament das Griechisch aufsagen müssten, würden sie durchrasseln. Da würde vielleicht sogar Jesus durchrasseln, weil ich nicht weiß, wie gut sein Griechisch ist.«

»Golische« und »gelische« Kinder im Weindorf

Warum soll man bei der Suche nach einer ökumenischen Vision den Impuls zu mehr kindlich-naivem Glaubensausdruck nicht wörtlich nehmen? Besuch eines Ökumenischen Kindergartens in dem nahe Kitzingen gelegenen fränkischen Weinort Rödelsee. Fröhlich wird der Refrain des Kindermutmachliedes gesungen, das vom liebevollen Überwinden von Grenzen handelt: »Wenn einer sagt, ich mag dich, du, ich find dich wirklich gut, dann krieg ich eine Gänsehaut und auch ein bisschen Mut.« Eine Kindergärtnerin erzählt, dass man die Kinder nicht gerade als energische Verfechter ihrer jeweiligen Konfession bezeichnen kann: »Einmal haben sie uns gesagt: Wir sind aus der golischen und der gelischen Kirche.« Sie kennen aber Geschichten von Jesus, besuchen bei Festen abwechselnd die katholische und die evangelische Kirche. Und dass nicht ein Pfarrer allein zur Andacht in den Kindergarten kommt, ist selbstverständlich. »Da kommen die zwei, wir setzen uns in den Turnraum und singen«, erzählt ein Junge. »Die Lieder üben wir auch vorher. Die Sonja sagt: Lasst mal euer Essen stehen! Dann gehen wir in den Turnraum und beten.«

Im dem Kindergarten sollen die Traditionen freilich nicht verschmolzen werden, sagt der evangelische Pfarrer Jan Peter Hanstein: »Für mich ist Ökumene eher additiv. Wir suchen nicht den kleinsten gemeinsamen Nenner, sondern ergänzen evangelische und katholische Elemente. Damit fahren wir ganz gut und müssen bei uns in der evangelischen Gemeinde auch immer wieder einmal darauf hinweisen: Halt mal, im ökumenischen Kindergarten kann man auch etwas über Heilige lernen, über Sankt Martin oder Maria.«

An diesem Tag feiern die Kinder die letzte Andacht im Kindergartenjahr. Pfarrer Hanstein und sein katholischer Kollege Bernd Steigerwald haben Schirme mitgebracht, die vor Regen oder Sonne schützen – und auch vom göttlichen Behütetsein erzählen. Die Kinder stehen auf, wenden einander im großen Kreis den

Rücken zu und legen dem Nachbarn die Hände wie einen Schirm über den Kopf. »Morgen werden wir rausgeschmissen«, sagen die baldigen Schulkinder aufgeregt. Sie erhalten noch einen persönlichen Segen. Jedes Kind sucht sich den Weg zu einem der Geistlichen – und niemand prüft, ob die Konfessionen zwischen Kind und Pfarrer identisch sind. Der Segen – eine prinzipiell überkonfessionelle Angelegenheit.

Ökumene im Paddelboot

Abseits der Konferenzräume, an der kirchlichen Basis, kann der Glaube konfessionelle Barrieren überwinden – indem man feiert. Das belegt in Rödelsee der evangelische Seniorennachmittag, zu dem auch die katholischen Senioren eingeladen sind. Nach Kuchen wird gegen Abend auch Braten in Salzkruste gereicht, der Silvaner steht ohnehin schon länger auf den Tischen. So erinnert man sich trinkend, essend und erzählend eines Ereignisses in Rödelsee, als die Ökumene groß aufspielte: »Da hatte ich Gänsehaut – die Härchen haben sich bei mir aufgestellt«, sagt eine Frau über die einige Monate zurückliegende offene Nacht der Kirchen. »Alles war aufgeschlossen, alles hat zusammengepasst!«, schwärmt eine andere. »Plötzlich haben die Glocken beider Kirchen ein Lied miteinander gespielt. Das war super!«

Die Gemeinden, deren Gotteshäuser einen Steinwurf weit auseinanderliegen, wollen ihren Glauben gemeinsam leben – was auch an den Pfarrern liegt. »Wir haben einmal während eines Gottesdienstes im Faltboot gesessen, das ist sicher das beste Bild«, sagt der katholische Geistliche Bernd Steigerwald. »Wir sitzen hier nämlich wirklich miteinander in einem Boot – auch der Politik, der Öffentlichkeit, der Schule gegenüber. Da wäre es sehr schwierig, wenn wir sagen: Jetzt wird gegeneinander gepaddelt.« Das Boot käme kaum vom Fleck, würde sich allenfalls drehen, womöglich ins Schlingern kommen – oder aber nur mühsam in eine Richtung bewegen, weil einer die Paddel etwas kräftiger bewegt. Erschöpft freilich wären beide – ein überzeugendes Symbol: »Wir hatten das Boot auf dem Podium vor ein paar Hundert Leuten aufgebaut«, erinnert sich Pfarrer Hanstein, und sein Kollege ergänzt: »Wir haben da mit unseren Gewändern drin gesessen, hatten Headsets, konnten paddeln und zugleich frei reden.«

Im Rödelsee gleitet man in eine ökumenische Zukunft hinein, in der Eigenheiten nicht trennen, sondern den Glauben reicher machen wollen. So harmonisch es klingt – das ökumenische Leben in dem Weinort darf nicht mit einer durchgängigen Erfolgsgeschichte verwechselt werden. In Rödelsee setzt man sich auch deshalb gemeinsam in das Boot des Glaubens, weil Ökumene zuvor kaum existierte. Vor wenigen Jahrzehnten noch gab es zwei konfessionell getrennte Schulen und zwei ebensolche Kindergärten. »Jetzt ist es besser. Die Leute gucken einander nicht mehr so komisch an – die Spannung aber bleibt, da können Sie machen, was Sie wollen«, sagt eine Frau zwischen Silvaner und Salzbraten. Der Wunsch nach Einheit wurde fast ausschließlich von den evangelisch-katholischen Ehepaaren am Leben erhalten, die unter den einstigen Pfarrern sehr zu leiden hatten. Die konfessionsverbindenden Paare aber haben immer wieder versucht, die Fenster der Kirchen aufzureißen, um frischen ökumenischen Wind hineinzulassen, sagt Pfarrer Hanstein: »Vielleicht müssen wir auch mal ein ökumenisches Schuldbekenntnis ablegen und präzise benennen: So war es, so ist es nicht mehr. Und dass uns vieles leidtut, wir immer noch darunter leiden, dass um jedes Kind, das aus einer damals sogenannten Mischehe geboren wurde, ein Kampf geführt wurde, es um jede Mischehe Dramen gab, viele dadurch unkirchlich geworden sind – nicht unchristlich, sondern unkirchlich.«

Um Spannungen zwischen den Konfessionen abzubauen, hilft auch, dass Zugezogene einen oft unverkrampften Blick auf das kirchliche Leben im Ort haben. Sie lassen ahnen, dass das evangelisch-katholische Verhältnis nur ein Teil der viel umfassenderen Frage ist, wie Menschen unterschiedlicher Prägungen miteinander auskommen. »Mir ist das so wurscht!«, sagt eine Frau, die erst seit einigen Jahren in Rödelsee lebt. »Die Hauptsache, wir glauben alle an einen Herrgott. Man muss miteinander auskommen. Ich komme aus Rumänien, und da haben wir Juden gehabt, Zigeuner gehabt, Rumänen gehabt, wir haben Ungarn gehabt, und wir Sachsen waren da: Wir haben uns alle vertragen. Und da ist es mir hier so komisch vorgekommen, dass es Katholische und Evangelische gibt.«

Sich nicht stur auf die konfessionelle Frage zu fixieren, hilft bei der Suche nach einer ökumenischen Vision. Unterschiede treten automatisch zurück. Pfarrer Jan Peter Hanstein: »Ich sage immer: Am meisten hat hier in Rödelsee der Sport integriert. Das sagen die Leute auch: Ich spiele Handball, da ist es egal, ob ich evangelisch oder katholisch bin.« Und Pfarrer Steigerwald ergänzt: »Der Sport und das Weinfest! Beim Weinfest gibt es keine Konfessionen.« Und wieder Hanstein, der den zwischen Scherz und Ernst schillernden Tonfall des Kollegen weiterführt: »Der Wein macht vieles lockerer, der Sport auch – und die Kirche bringt hinter diesen beiden Leitlinien ihr eigenes Thema an. Die möchten integrieren – und wir nicht zurückstehen.«

Spielend Grenzen überschreiten

Kein Wein, dafür aber viele Wasserkästen stehen am Spielfeldrand des Rasenplatzes im Schatten der WM-Arena im Frankfurter Stadtwald: Etwa 90 Kinder werden in der Fußball-Schule der Frankfurter Eintracht unterrichtet. Womöglich kann der Sport ja tatsächlich Hinweise bei der Suche nach einer ökumenischen Vision geben. Hier lässt sich erkunden, worauf es ankommt, damit Menschen unterschiedlicher Herkunft, kultureller Prägung und Religion gemeinsam und erfolgreich spielen. Kein Theologe ist in der Nähe, dafür viele Trainer und Sportpädagogen, die die während der Schulferien aus dem gesamten Rhein-Main-Gebiet kommenden Kinder anleiten und betreuen. Techniktraining, Koordination, Torschussübungen und natürlich das Spielen selbst wechseln einander ab. »Wenn es gegen schwache Mannschaften geht, kann man einfach so durchlaufen und tricksen«, sagen die Kinder auf die Frage, wie man ein Spiel erfolgreich gestaltet. »Wenn es aber gegen starke Gegner geht, dann kommt es darauf an, nicht allein zu spielen, sondern Übersicht zu haben und gut zusammenzuarbeiten.«

Was genau ist mit guter Zusammenarbeit gemeint? Einer der Trainer, der aus Polen stammende Ex-Profi Cesary Tobollik, der für Eintracht Frankfurt, in Frankreich, bei Kickers Offenbach und Viktoria Aschaffenburg gespielt hat: »Jeder Spieler ist anders, wie auch jeder Mensch anders ist. Jeder hat Stärken und Schwächen – und die Kunst ist es, die Spieler so miteinander spielen zu lassen, dass jeder seine Stärke in die Gemeinschaft einbringen kann. Davon kann die Mannschaft profitieren, die Leistung steigt. Manche sind weniger begabt, dafür kämpferisch besser, die einen sind im Kopfballspiel gut, die anderen grätschen, sind im Zweikampf tipptopp. Außerdem braucht man Menschen und Spieler, die Autorität haben wie der frühere Grabowski, ein Techniker! Wenn er den Ball gekriegt hat, hat er gleich gewusst: Ich schick' den in die Gasse! Oder: Ich spiele einen aus. Die verschiedenen Möglichkeiten also muss man in einen Topf zusammentun, dann wird die Mannschaft stärker.«

Eigenheiten und Stärken nicht einzuebnen, sondern zum Zuge kommen zu lassen – was der Fußballlehrer als Schlüssel für ein gutes Zusammenspiel betrachtet, klingt wie eine moderne Variante des urchristlichen Bilds vom Leib Christi, wie er im ersten Brief des Apostels Paulus an die Korinther (1 Kor 12) beschrieben wird. Alle Glieder des Körpers ergänzen sich und sind aufeinander angewiesen. Auf die Suche nach einer ökumenischen Vision übertragen: Es kann nicht sein, dass Glaubende ihre Prägungen und Stärken abschmirgeln, bis eine graue Einheitsmasse entsteht. Außerdem: Bleibt ein Spieler beziehungsweise eine Kirche für sich allein, fehlen Lebendigkeit und Kraft.

Leiter der Fußballschule ist Bundesligarekordspieler Charly Körbel, der seine 602 Erstligaspiele von 1972 bis 1991 für die Frankfurter Eintracht absolviert hat. Dass der Sport beim Überwinden konfessioneller Barrieren helfen kann, hat er ganz konkret erlebt. Körbel, selbst evangelisch, wollte vor mehr als dreißig Jahren seine katholische Frau ökumenisch heiraten, was in dem bei Heidelberg gelegenen Dossenheim damals alles andere als selbstverständlich war. »Der katholische Pfarrer war noch nie in der evangelischen Kirche gewesen, der weigerte sich, mit dem dortigen Pfarrer die Trauung zu feiern. Dann haben sie sich aber doch geeinigt. Der katholische Pfarrer war nämlich 1. FC-Nürnberg-Fan, da haben wir ihn über den Fußball ein bisschen umgebogen.« Erstmals wurde in Dossenheim eine ökumenische Trauung möglich, sagt Körbel. Allerdings riss der Fußball nicht alle konfessionellen Barrieren ein. »Der Pfarrer hat gesagt: Okay, aber du musst fünf Mal zum Eheunterricht. Da habe ich gesagt: Ich habe keine Zeit! Ich habe Bundesliga, außerdem war ich damals auch Nationalspieler. Was mich dann aber wirklich entsetzt hat: Ich musste unterschreiben: Wenn ein Kind kommt, wird es katholisch. Da habe ich gesagt, das entscheide ich für mich ganz allein. Ich war so enttäuscht, dass ich nach der Hochzeit aus der Kirche ausgetreten bin – und bin erst wieder in die Kirche eingetreten, als meine Tochter kam. Wir saßen da wie auf der Anklagebank und wurden praktisch gezwungen, dass meine Tochter katholisch wird.«

» Der katholische Pfarrer war noch nie in der evangelischen Kirche gewesen, der weigerte sich, mit dem dortigen Pfarrer die Trauung zu feiern. Dann haben sie sich aber doch geeinigt. Der katholische Pfarrer war nämlich 1. FC-Nürnberg-Fan, da haben wir ihn über den Fußball ein bisschen umgebogen.«

Karl-Heinz Körbel, Bundesligarekordspieler (602 Spiele für Eintracht Frankfurt), Leiter der Fußballschule von Eintracht Frankfurt

Für Körbels Rückkehr in die Kirche waren aber auch Gespräche über den Glauben wichtig, die überhaupt keine amtlich-autoritären oder speziell konfessionellen Züge trugen. Körbel erlebte dank des Sports, wie der christliche Glaube Grenzen spielend überwinden kann. Es war, als der Südkoreaner Bum Kun Cha zur Frankfurter Eintracht wechselte. Mit dem zu jener Zeit wohl besten Stürmer Europas gewann die Frankfurter Eintracht 1980 den UEFA-Pokal. »Das war auch ein sehr, sehr christlicher Mensch. Er kam hierher, konnte kein Wort Deutsch, hat sich bei uns hinten in den Bus gesetzt, seine Bibel ausgebreitet und gelesen. Und er hat sich niemals von seinem Weg abbringen lassen, auch wenn die anderen gelacht haben: Da läuft er wieder mit seiner Bibel rum! Wie man unter Spielern eben so kaspert. Er war ja auch völlig unkompliziert. Plötzlich kam er auf die Idee, für seine koreanischen Landsleute in Frankfurt zu predigen – lauter solche Sachen. Zum Schluss haben wir uns immer unterhalten, weil er dann schon etwas Deutsch konnte, er hat immer hinter mir im Bus gesessen. Und ich: Machst du wieder deine Predigt? Da hat er sich schon totgelacht. Und er dann immer: Was willst du? Du bist ein schlechter Mensch! Und ich: Wieso bin ich ein schlechter Mensch? Du bist doch viel schlechter! Auf diese lockere Art sind wir ins Gespräch gekommen. Und er hat mir nach und nach erzählt, was seine Philosophie ist – und wieso er daran glaubt. Diese Stärke bei ihm! Das hat er immer wieder betont – die Sache mit dem lieben Gott. Und das ist toll.«

Der langjährige Kapitän des Traditionsklubs hat viele bedeutende, sehr kreativ veranlagte Spieler erlebt wie Okocha, Detari oder Yeboah. Um sie hat er sich auch gekümmert, sie zu sich eingeladen. Die Begegnung mit Cha aber hat ihn besonders geprägt: »Der ist auf einmal zu uns gekommen, hat sich bei meinen Eltern hingesetzt – und hat gebetet. Meine Eltern wussten gar nicht, wie ihnen geschieht. Aber das war ihm egal! Da hat er sich zu uns ins Wohnzimmer gesetzt, gebetet und erst mal das Haus gesegnet. Das war der Cha. Dann ging er zu meiner Schwiegermutter und hat das Gleiche gemacht.«

Die Freundschaft zum einstigen Mitspieler, der in Korea ebenfalls eine Fußballschule leitet, hat gehalten. Körbel telefoniert mit ihm, sieht ihn einmal im Jahr. Umgekehrt war die gesamte Mannschaft damals auch nach Korea eingeladen. Freundlichkeit und Humor haben die Gräben von Herkunft, kultureller Prägung und Konfession übersprungen – wie nebenbei und ohne amtlich eingeleitete Dialogbemühungen. Dabei fungierte der Sport nicht nur als Kulisse. Körbel ist überzeugt: Für ein gutes Zusammenspiel, eine Gemeinschaft oder auch die Ökumene sind nicht immer viele Worte nötig: »Am Anfang konnte der Cha ja kein Deutsch, und wir haben überlegt, wie gerade ich als Abwehrspieler ihn anspielen kann: Es sieht ja blöd aus, wenn ich den Ball spiele – er rennt weg und der Ball geht ins Aus. Dann heißt es: Guck mal hier, Koreaner – der kann nix. Also haben wir ihm zwei einfache Sachen gesagt: Pass mal auf, wenn du kommst und beide Hände ausstreckst, dann willst du den Ball am Fuß haben. Wenn nicht, dann soll der Ball in den Raum. Und das hat funktioniert! Auf einmal war da eine Eigendynamik: Du hast ihm nur noch in die Augen geguckt und gewusst, was er wollte.«

Verzaubernde Fremdheit: Abrahamische Feiern am Flughafen

Jenseits der Institutionen und Diskussionen ist Verständigung oft spielend möglich – im Alltag, beim Sport oder wenn sich Menschen freundschaftlich begegnen. Damit ist die Suche nach einem kraftvollen Bild von

Ökumene jedoch noch nicht zu Ende, weil sich die Frage nach einem Miteinander kaum auf christliche Konfessionen beschränken lässt. In der zum globalen Dorf zusammengerückten Weltgesellschaft begegnet man fast ununterbrochen Menschen, Elementen oder Spuren anderer Religionen. Das enge, schnell wechselnde Nebeneinander erzeugt Neugier, fördert aber auch Gefühle von Befremdung und wird oft als Grund dafür gesehen, dass sich Konflikte entzünden. Engstirnig wäre es, sich bei der Suche nach einer ökumenischen Vision auf die Begegnungen von Christen zu beschränken. Im ursprünglichen Sinn des Wortes bedeutet Ökumene ohnehin die gesamte bewohnte Welt. Außerdem befindet sich selbst ein zutiefst konfessioneller Christ immer schon indirekt im Dialog mit einer anderen Religion – dem Judentum. Dessen heilige Schriften bilden den großen Teil der christlichen Bibel, weshalb sich Christen stets im Grenzland einer anderen Religion befinden.

Das enge religiöse Beieinander zeigt sich exemplarisch am Rhein-Main-Flughafen. Menschen aus 78 Nationalitäten sind dort beschäftigt, Reisende aus noch mehr Ländern passieren täglich die Terminals. In ihnen liegen Kapelle, Moschee und Synagoge eng beieinander. Was kann Menschen in dieser kaum fassbaren Vielfalt verbinden? Für die evangelische Flughafenpfarrerin Ulrike Johanns sind es Erfahrungen, die jeder kennt: »Wenn ich meinen Koffer gepackt habe, frage ich: Ist da jetzt alles drin, habe ich auch nichts vergessen? Es schwingt also auch die existenzielle Frage mit: Habe ich alles dabei, was ich für die Reise oder eben auch zum Leben brauche? Das Thema Reise öffnet stets den Blick in Richtung Lebensreise. Auch Gefährdung ist ein Thema: Ich habe oft das Gefühl, dass wir am Flughafen immer mit Menschen im Ausnahmezustand zu tun haben. Reisen macht nervös: Bin ich pünktlich, kriege ich meine Maschine, was treffe ich auf der anderen Seite an, wenn ich ankomme? Ist alles so, wie ich es erwarte?«

Besonders intensiv kann sich das Gemeinsame zeigen, wenn Menschen nicht nur die latente Gefährdung spüren, sondern in Gefahr und Not geraten. Ulrike Johanns ist dann nicht speziell als evangelische Pfarrerin gefragt, sondern viel elementarer als Frau Gottes – wie einmal, als ein Reisender auf dem Flug verstorben war: »Die Familie, die dabei war, das waren eindeutig keine Christen. Aber sie brauchten jemand, der versteht, was es heißt, einen Menschen verloren zu haben. Und der weiß, was man dann tut. Es dauert eine Weile, bis man sich trennen kann von dem Toten. Natürlich muss man auch aufpassen: Mancher möchte das nicht. Einem anderen ist es wichtig, den Toten noch einmal zu sehen, zu berühren und sich zu verabschieden. Die Familie kam aus Asien – und da jemanden zu finden, für den das nichts Fremdes ist, sondern der einen natürlichen und auch geübten Umgang damit hat, das kann Sicherheit geben. Und das ist in solchen Fällen meine Rolle als Gottesfrau.«

Natürlich bedürfe es auch der eigenen Rituale, in denen man aufgewachsen ist und die Vertrauen geben, sagt Johanns. Und doch sei da eben diese Sphäre, in der eine tief gehende interreligiöse Begegnung möglich ist, jener geheimnisvolle Bereich zwischen Leben und Tod, zwischen Himmel und Erde: »Wenn man einander in Not beisteht, dann ist das etwas Grundsätzliches. Angenommen, mir würde etwas passieren und eine Frau würde neben mir anfangen den Rosenkranz zu beten, weil das ihr gelernter Umgang ist, einem Menschen in der Not beizustehen, dann würde ich das sicher als sehr wohltuend empfinden, obwohl ich das selbst nie machen würde, da es nicht zu meiner Tradition gehört. Es wäre aber ein Beweis von Nähe, weil es ihre Art und Weise ist, etwa Tröstliches anzubieten. Genauso wenn ein Muslim zum Allbarmherzigen zu beten anfinge – dann wüsste ich genau: Er trifft mich doch in meiner Situation.«

Berührungen zwischen den Religionen erleben Ulrike Johanns, Mitarbeiter und Reisende am Frankfurter Flughafen jedoch nicht nur in Notsituationen, sondern auch beim Feiern. Seit 2001 gibt es jedes Jahr im November oder Dezember eine sogenannte Abrahamische Feier. Das Festliche freilich hatte einen schlimmen Anlass: den 11. September 2001. »Die Stimmung hatte sich vollkommen verändert. Religiöse Menschen wurden nicht mehr als friedlich, in sich ruhend angesehen, sondern als Sicherheitsrisiko, da wurde eher gesagt: Wow, wie sind die wohl jetzt gegeneinander drauf?«

» In religiösen Räumen zeigen Menschen Gott ihre Seele – da müsste man schon sehr verklebt sein, um keine Ehrfurcht zu empfinden. Wenn einer vor der Klagemauer in Jerusalem steht und sieht die betenden Juden, wie könnte der weggehen und keine Ehrfurcht haben?«

Ulrike Johanns, Flughafenpfarrerin, Initiatorin der Abrahamischen Feiern am Frankfurter Flughafen

2001 überschnitten sich für einige Tage Chanakku, Advent und Ramadan. Vertreter von Judentum, Christentum und Islam kamen am Flughafen zusammen, gingen gemeinsam in die Synagoge, dann zur Kapelle und schließlich zur Moschee, um das Gemeinsame ihrer Religionen hervorzuheben. Schließlich gilt bei allen Abraham als Stammvater. Licht und die Botschaft vom Frieden kamen zum Klingen – im Surenvortrag, dem

Lobgesang des Zacharias aus dem Neuen Testament und in einem Lied zum Sabbateingang. Seitdem singen bei der jährlichen Feier Synagogenchor und Sufimusiker nebeneinander – das Gemeinsame wird nicht im Debattieren gesucht, sondern realisiert sich beim Feiern. Das Unverwechselbare jeder Religion werde aber nicht zurückgehalten, sagt Ulrike Johanns. Vielmehr entsteht große Nähe gerade dadurch, dass man einander das Eigene zeigt. In Synagoge, Kapelle und Moschee wird auch nicht eine Art Einheitsgebet zelebriert, sondern man ist einmal Gastgeber und zweimal zu Gast. So wird eine Berührung möglich, indem man die Andersartigkeit nicht leugnet. Leidenschaft zeigt sich, das womöglich Liebste und Wertvollste wird vorgestellt, es ist der religiöse Intimbereich, wo man verletzlich ist. Ulrike Johanns: »Wir betreten eine fremde Welt und wir lassen uns von dieser Welt auch verzaubern. Dann gehen wir wieder heraus und sind wieder wir selbst, kommen aber gerade durch die fremde Welt zu dem, was uns an unserer Welt so wichtig ist. Plötzlich denkt ein evangelischer Christ vielleicht an ›Großer Gott, wir loben dich‹, weil das sein liebstes Lied ist – oder was auch immer uns bewegt. Das kann man auch beim Reisen erleben, dann besucht man ja oft heilige Stätten – vielleicht nur aus kunsthistorischen Gründen. Aber natürlich berühren sie auch. In religiösen Räumen zeigen Menschen Gott ihre Seele – da müsste man schon sehr verklebt sein, um keine Ehrfurcht zu empfinden. Wenn einer vor der Klagemauer in Jerusalem steht und sieht die betenden Juden, wie könnte der weggehen und keine Ehrfurcht haben?«

Ökumene elementar: Brabbeln, heulen, lachen, singen

Das sich wiegende, an einen Tanz erinnernde Beten vieler Juden an der Klagemauer berührt, weil es mehr ist als ein nüchterner Glaubensausdruck. Der ganze Körper betet, das Sprechen muss also nicht kognitiv nachvollzogen werden, sondern wirkt auf urtümlich-musikalische Weise melodisch. Für Friedrich Karl Barth, Pfarrer und Dichter von geistlichen Liedern, die in viele Gesangbücher eingegangen sind, ist Musik etwas, das von Anfang an zum Menschen gehört. »Das kommt irgendwo vom Heulen oder Glossolalieren, es steckt noch tief unter der Schicht der Sprache. Musik ist das Allerelementarste am Menschen. Wenn man Kinder heulen, lachen oder vor sich hinbrabbeln hört, dann ist das Musik.« Lieder können verbinden – langes Kennenlernen ist nicht nötig. »Wenn Menschen miteinander singen, merkt der eine, da ist ja noch jemand neben mir, da sind viele um mich herum, die genauso wie ich dieses Lied singen, genauso ergriffen sind, genauso danebensingen. Die Töne müssen gar nicht sauber sein, schön ist, wenn sie herauskommen.«

Diese nicht auseinanderzudividierende Gemeinsamkeit des Singens – Friedrich Karl Barth erlebt sie als Basis des Glaubens. Für Kirchentage hat der evangelische Pfarrer mit anderen große musikalisch-liturgische Feste geplant, gestaltet und gefeiert. Viele der von ihm gedichteten und von dem katholischen Musiker Peter Janssens vertonten Lieder sind moderne Klassiker geworden. »Mir hat ein Musikwissenschaftler erklärt: Die schönsten Melodien im Bereich der Oper oder der Operette sind die, die man nicht loswird. Eine Operette oder eine Oper ist in dem Maße gut, wie sie jede Menge Ohrwürmer hat. Und beim Piet Janssens gibt es diese Ohrwürmer eben auch. Das sind ganz einfache Texte auf singbare Melodien, in denen ein wenig Rhythmus ist und nicht dieses Schleppende der evangelischen heruntergekommenen Choralsingerei im normalen Gottesdienst. Das ist also bewegte Musik und da ist es vollkommen egal, ob jemand katholisch oder evangelisch ist.«

» Ökumene heißt doch, dass wir alle miteinander Menschen sind mit gleichen Problemen, Sorgen, Hoffnungen, mit vergleichbaren Wünschen – und dass wir in Liedern Wege haben, die die Traurigkeiten stillen, die Fröhlichkeiten und Hoffnungen bewegen und auslösen können. Das ist eine ökumenische Angelegenheit ... Wir dürfen nicht warten, bis die da oben irgendetwas entscheiden, was doch sein muss. Wir müssen ihnen vorausgehen, bis ein solcher Sog entsteht, dass ihnen gar nichts anderes übrigbleibt, als ihre Denkformen dem Leben näherzubringen.«

Friedrich Karl Barth, Evangelischer Theologe, Erfinder der Kirchentagspapphocker und Dichter unzähliger Texte Neuer Geistlicher Lieder

Wer singt, kann währenddessen nicht diskutieren. Und wer musiziert, erlebt eine Nähe, die man sich nicht taktisch klug, abgesichert oder gar fintenreich zu erarbeiten hat. »Ökumene heißt doch, dass wir alle miteinander Menschen sind mit gleichen Problemen, Sorgen, Hoffnungen, mit vergleichbaren Wünschen – und dass wir in Liedern Wege haben, die man begehen kann, die Traurigkeiten stillen, die Fröhlichkeiten und Hoffnungen bewegen und auslösen können. Das ist eine ökumenische Angelegenheit – und eine Kirche, die darauf meint verzichten zu können, können wir ruhig vergessen. Ökumene passiert, wenn Menschen mutig sind, sie zu leben. Ökumene passiert aber nicht, wenn die Kirchenspitzen meinen, sie müssten sich voneinander abgrenzen, Unterschiede festklopfen, ihre Territorien behalten gegen andere, wenn sie meinen, sie müssten oben sein und die anderen unten, oder irgendjemand drinnen und draußen. Wir dürfen nicht warten, bis die da oben irgendetwas entscheiden, was doch sein muss. Wir müssen ihnen vorausgehen, bis ein solcher Sog entsteht, dass ihnen gar nichts anderes übrigbleibt, als ihre Denkformen dem Leben näherzubringen.«

Aber was genau ist denn das Leben, das sich besingen lässt, bis die Kirchenspitzen ihm nicht mehr ausweichen können? Für Friedrich Karl Barth ist es so elementar, dass es sich in allen Heiligtümern der Welt antreffen lässt. Oder besser gesagt: Wer es erfährt und lebt, für den kann der Alltag zum Tempel werden, egal welcher Konfession er angehört. Diese Ökumene des Lebens spiegelt sich in Barths Lied »Brich mit den Hungrigen dein Brot« wider:

Brich mit den Hungrigen dein Brot,
sprich mit den Sprachlosen ein Wort,
sing mit den Traurigen ein Lied,
teil mit den Einsamen dein Haus.

Auf der Suche nach einer ökumenischen Vision verweist Barth auf das, was Jesus gelebt hat und ewig aktuelle Züge trägt. Es ist eine alte Antwort, nach der man sich immer wieder neu strecken kann: »Das Leben ist doch schon immer dem voraus, was die Kirche formatiert, programmiert und in Resolutionen, Enzykliken oder Glaubenskatechismen fasst. Wir können doch nur transparent sein für die Güte dessen, den wir als Gott preisen oder den wir als Jesus zu kennen meinen. Ich kann nur ein Transparent für die Gestalten der Liebe sein, die uns buchstabiert sind. Ich berufe mich auch immer sehr gern auf Lessing, dessen berühmte Ringparabel nun ja auch ein paar Jahre alt ist. Wie lange ist die dieser ja manchmal beknackten Kirchenreglementierung voraus – und wie lange ist Jesus dem voraus, was wir so tun und lassen?«

Juristenhirne, Heilige und Dichter

Auch für den Schriftsteller Arnold Stadler hat die Ringparabel die Kraft, der Ökumene frische Impulse zu geben, obwohl sie aus dem 18. Jahrhundert stammt. Der Träger des Büchnerpreises, der höchsten literarischen Auszeichnung in Deutschland, hat sie in seine Anthologie »Tohuwabohu« aufgenommen. In ihr hat er nach dem 11. September 2001 heilige Texte aus mehreren Religionen und Profanes zusammengestellt und kommentiert. Die aus Lessings Drama »Nathan der Weise« stammende Parabel erzählt von einem Vater, der einen Ring zu vererben hat. Er gibt jedem seiner drei Söhne einen, niemand weiß, welcher Ring das Original ist, bei zweien handelt es sich um so meisterhafte Kopien, dass selbst der Vater sie nicht unterscheiden kann. Was für die Söhne gilt, lässt sich auf die Religionen übertragen: Ein Richter in dieser Parabel jedenfalls vermutet, der Vater habe die Söhne gleichermaßen geliebt, keinen abwerten wollen. So sollen die Religionen ihrer »unbestochnen von Vorurteilen freien Liebe« nacheifern. Arnold Stadler, der katholische Theologie studiert hat und einst Priester werden wollte, über das Verhältnis der christlichen Kirchen untereinander: »Entscheidend ist, dass es sich um ein Erbe handelt. Es kann doch sein, dass es mehrere legitime Erben gibt, nicht nur einen.

Wenn sie einander gelten lassen könnten, dann wäre es schon genug, sie sollen sich nicht bekehren. Ich bin in die katholische Kirche hineingeboren – und ich weiß ja nicht, was am Ende herauskommt. Ich kann doch nur den Glauben, den ich bekommen habe, versuchen mit Leben zu füllen. Auch was das Verhältnis der christlichen und der nicht-christlichen Religionen angeht, kann ich nur wiederholen: Einander gelten lassen! Das heißt nicht Gleichgültigkeit, sondern anerkennen, dass der Mensch einen Glauben haben kann, der zu respektieren ist.«

»In jeder Religion findet man Juristenhirne, die in irgendeiner Vorschrift oder Anordnung die Religion erkennen und die Umsetzung für ein Glaubensding halten. Aber wenn man über göttliche Dinge im irdischen Zusammenhang räsoniert, versagt oft die Sprache, sie muss zwangsläufig immer wieder ins Schweigen münden.«
Arnold Stadler, Schriftsteller, Büchnerpreisträger

In seinem fast 50 Jahre währenden Leseleben habe er insbesondere bei spirituellen Texten, aber auch bei der Begegnung mit Menschen aus unterschiedlichen Religionen erlebt: »Bei wirklich Gläubigen kann ich eine die Religionen transzendierende Grundstimmung vernehmen, weil sie eine Sehnsucht haben nach dem Himmlischen, nach dem ganz Anderen. Das lässt sich auch Mystik nennen. Sie finden überall Menschen, die profund gottesgläubig sind. In jeder Religion finden Sie wiederum Juristenhirne, die in irgendeiner Vorschrift oder Anordnung die Religion erkennen und die Umsetzung für ein Glaubensding halten.« Arnold Stadler nennt tief Gläubige »religiös sehr musikalische Menschen« – es sind für ihn Heilige über alle Bekenntnisse hinaus. Er nennt Bonhoeffer, Theresa von Avila, Juan de la Cruz. »Aber da ist auch Therese von Lisieux, eine junge Frau, die unter den sogenannten intelligenten Menschen als Dummkopf gilt, die aber ein Buch von luxuriöser Einfachheit geschrieben hat. Über göttliche Dinge im irdischen Zusammenhang zu räsonieren, ist sehr schwer. Und die menschliche Sprache muss zwangsläufig ins Schweigen münden.« Für Stadler gehen Glaube, Poesie und Stille ineinander über – es ist jener Raum, in dem die Grenzlinien verblassen: »Auch in der islamischen Tradition gibt es sehr viele Heilige, manche sind auch große Dichter. Für mich ist Rumi ein Heiliger, der in Konja gelebt hat, Persisch geschrieben hat, und dort, in Konja, auch verehrt wird.«

Donner, Stille und grenzenlose Schönheit

Der aus Konja in der heutigen Türkei stammende Mevlana Jelaluddin Rumi ist nicht nur für Arnold Stadler ein großer Dichter und Heiliger. Während eines Abends in Neckarsteinach unweit von Heidelberg zum Thema »Ökumene jenseits der Sprache: Mystik!« trägt Eric Hahn, Meditationsanleiter und evangelischer Pfarrer im Ruhestand, ein Gedicht von Rumi vor:

Für die, welche lieben,
gibt es nicht Moslems, Christen und Juden,
für die, welche lieben,
gibt es weder Glaube noch Gottlosigkeit,
für die, welche lieben,
sind Körper, Geist, Herz und Seele eins.
Warum dann auf jene hören, die das anders sehen?
Jene, die nicht lieben, haben keine Augen.

Eric Hahn ist Vorsitzender des in Neckarsteinach ansässigen Vereins »Meditation und Wege der inneren Achtsamkeit im Christentum«. In dem großen, lichten Meditationsraum seiner Wohnung bietet er Stillemeditation an, außerdem lädt er zu religiös-thematischen Abenden mit Referenten und Künstlern ins Bürgerhaus »Zum Schwanen« ein. »Die Teilnehmer der Veranstaltungen sind zu einem großen Teil evangelische oder katholische Gemeindemitglieder«, sagt er. »Zu einem großen Teil gehören sie auch keiner Kirche an, zu einem Teil gehören sie anderen Religionen an. Wir sind offen für jeden, für Gläubige und Ungläubige, für Nicht-mehr-Gläubige oder Vielleicht-mal-wieder-Gläubige.«

Überhaupt nicht einladend ist die Atmosphäre an dem Abend über Ökumene jenseits der Sprache, als aus Lautsprechern Gewitterdonnern hallt. Eric Hahn fragt in der Rolle eines eifernden Christen Gäste einzeln ab: Ob sie Christus schon als Herrn bekannt und auf dem einzig möglichen Weg der Wahrheit seien? Die Inszenierung wirkt so überzeugend, dass eine von den Aborigines stammende Frau sich in Rage redet, es wird hektisch, lautes Durcheinander! Zwei Sufimusiker fädeln in die Wortgefechte leise Klänge ein. Bald finden die Besucher in eine Ruhe hinein, um anschließend anders zu reden. Vorsichtig und mit freundlich-leichtem Schwung erkundet man, was interreligiöse Begegnungen möglich macht. Für Talat Kamran, Leiter des Mannheimer Instituts für Deutsch-Türkische Integrationsstudien und interreligiöse Arbeit, gibt es zwei Formen religiöser Verständigung: »Die eine ist, dass wir in unserem Glauben bleiben, den anderen respektieren, tolerieren und ihm zuhören, sodass wir gut zusammenleben, aber jeder in seine eigene Richtung geht. Zur zweiten Möglichkeit gehört, was Eric Hahn hier seit

Jahren wagt: Er ist darüber noch hinausgegangen! Wir sind schon oft mit Musikern gekommen – und dank der Musik sind wir über religiöse Barrieren gesprungen. Wir haben uns dort gefunden, wo es uns Spaß gemacht, einfach Freude gegeben hat. Wir sind dann nicht mehr Christ, Muslim oder sonst etwas, sondern einfach Menschen, die die Herzen öffnen. Die Melodien und die Schönheit absorbieren uns so sehr, dass wir die Unterschiede vergessen. Wir finden aus unserem jeweiligen Bereich heraus und machen eine Erfahrung.«

» Es gibt für mich zwei Formen religiöser Verständigung. Die eine ist, dass wir in unserem Glauben bleiben, den anderen respektieren und ihm zuhören, sodass wir gut zusammenleben, aber jeder in seine eigene Richtung geht. Zur zweiten Möglichkeit gehört, wenn man etwa dank der Musik über die religiöse Barriere springt. Wir sind dann nicht mehr Christ, Muslim oder sonst etwas, sondern Menschen, die die Herzen öffnen. Melodien und Schönheit können uns so sehr absorbieren, dass wir die Unterschiede vergessen. Wir finden aus unserem jeweiligen Bereich heraus und machen eine Erfahrung. Das kann man Mystik nennen, denn der Mystiker fragt: Kann ich etwas Göttliches erleben, bevor ich sterbe?«

Talat Kamran, Sufimystiker und Leiter des Instituts für Deutsch-Türkische Integrationsstudien und interreligiöse Arbeit, Mannheim

Aber nicht nur Musik, auch das stille Sitzen kann solch eine Erfahrung ermöglichen, in der Unterschiede nicht mehr trennen. Gisela Kunz ist in der katholischen Pfarrgemeinde engagiert und besucht die Meditationsangebote von Eric Hahn: »Für mich ist das ein Ruhepunkt. Man ist unter Gleichgesinnten und wird akzeptiert. Zu Hause, in meinem familiären Kreis, wird das eher belächelt, wenn ich sage, ich meditiere. Für mich aber ist es wichtig, weil ich mich öffnen kann. Oft hilft mir dabei ein Text, weil er es erleichtert, in die Ruhephase und die

Stille hineinzufinden.« Gerd Lipponer erlebt in der Stille, wie Grenzen überschritten werden, ohne es mühsam anzustreben. Er ist evangelischer Kirchenvorsteher, arbeitet als Polizeihauptkommissar: »Man fühlt sich fast wie ein Medium, das von allen beeinflusst ist. Wenn man sich im ganzen Raum bewusst in diesem Kreis sitzend erlebt, dann kann selbst ein Vogel, der am Fenster vorbeifliegt, plötzlich in der gleichen Welt gemeinsam mit einem sein. Das ist eine Erfahrung, die ich in dem Kreis gemacht habe, in dem man auch nicht wertet. Da kann jeder kommen. Die Trennung ist schnell aufgehoben, weil eben niemand urteilt. Denn in dem Wort ›Urteilen‹ ist schon das Wort ›Teilen‹ drin.«

Nicht alle suchen diese jenseits der Sprache liegenden Erfahrungen im stillen Sitzen. Gabriele Breier, Lehrerin für meditatives Tanzen: »Das ist für mich so wertvoll, weil wir uns dann richtig im Hier und Jetzt befinden und mit den Füßen am Boden. Wir kommen dabei in die Präsenz, in die Stille und spüren auch intensiv die Gemeinschaft. Und was sonst oft mit Religion verbunden wird, diese Regeln, Gesetze, all das Reflektieren – das schmilzt dahin. Da ist dann nur noch dieses eine da, nämlich präsent zu sein.«

Wege der Kontemplation weisen jenseits der Debatten einen Weg zum unergründlichen Geheimnis des Lebens. Auf ihnen können sich Menschen unterschiedlicher Prägung begegnen. Allerdings, sagt Talat Kamran, sei Mystik nicht etwa eine Art ökumenische Religion neben anderen Religionen. Er ist und bleibt Muslim – nur geht er mit den vertrauten Regeln, Riten und Formen anders um: »Der Mystiker fragt: Kann ich etwas Göttliches erleben, bevor ich sterbe? Und dabei kann man durchaus religiöse Methoden anwenden. Ein Beispiel: Ein normaler religiöser Mensch im Islam betet, weil es Pflicht ist: Ich muss fünfmal am Tag beten. Der Mystiker? Er macht dasselbe. Aber er betet nicht aus Pflichtgefühl, sondern weil es ihm guttut, weil er darin eine große Freude verspürt. Das ist ehrlicher. Es ist natürlich nicht immer möglich, aber darum dreht es sich in der Mystik, nämlich sein körperliches Bewusstsein, Geist, Gedanken, Emotionen, auch sein Herz, die herzlichen Gefühle einmal zu vergessen. Ich glaube dann auch nicht mehr intellektuell, formal an Gott, sondern bewundere im leidenschaftlichen Gebet seine Schönheit, ich denke immer: Ach, mein Geliebter! Dann wird es Mystik.«

Die Liebe – wie einfach, visionär und unfassbar geheimnisvoll

Stille, Poesie, Tanz, Musik – alles das sind Wege, auf denen man Göttliches jenseits diskursiver Wortanhäufungen erfahren kann. Man muss es auch gar nicht Mystik nennen, weil es nicht um ein theoretisch gekonntes Benennen geht, sondern um Erfahrung. Manchen widerfährt es beim Singen, anderen im selbstvergessenen Spiel, wieder anderen bei Feiern, die plötzlich jeden Zweck vergessen lassen. Man kann von der Schönheit schockiert oder zart berührt werden, ohne jemals das Wort Mystik gehört zu haben. Natürlich ist eine mystische Erfahrung auch möglich in der Meditation, im Gebet – oder anders gesagt: Alle diese Wege lassen sich im weiteren Sinn als Beten verstehen: Man zeigt seine Seele Gott – was alle die verbinden kann, die ihr Inneres nicht verschlossen halten. Man hebt den Blick zum Himmel, weil es nicht ausreicht, gelegentlich, routiniert oder auch zwanghaft überlieferte Regeln zu erfüllen, um das zu tun, was viele tun, und man eine Gruppe bilden kann, die stärker ist als andere Gruppen. Wie erbärmlich klein ist das gegen die Verzauberung, die Menschen Nähe finden lässt, weil sie bereit sind, ihre Seele dem Himmel zu öffnen. Diese ökumenische Vision kann die Herzen derjenigen berühren, die einfach, kindlich und leidenschaftlich fragen. Sie blüht kraftvoll, wild und schön dort, wo man aufhört, seine Wunden mühevoll zu verstecken. Denn Not lehrt nicht nur beten, sondern ermöglicht eben auch Begegnungen, bei denen Mauern wie von selbst zerbröseln. Wer sich verletzlich zeigt, braucht keine Zäune mehr, um sich zu schützen, weil er ungeschützt, frei und womöglich singend durchs Leben geht. Hingabe paart sich mit Leidenschaft. Damit kein Missverständnis entsteht: Dieser Traum von Ökumene, der verwandeln kann, stiehlt niemandem seine geliebten, seit Kindheit eingeübten und vertrauten religiösen Formen. Gerade sie können es sein, mit denen man Grenzen überfliegen kann, weil man liebt, sich leidenschaftlich öffnet und seine tiefen Gefühle in den Himmel malt.

Die Vision wird Realität, wenn Menschen nicht nachplappern, was andere ihnen in den Mund legen wollen, sondern mutig aufbrechen, um sich vom göttlichen Geheimnis im Alltag berühren zu lassen. Dieser Zauber ist grenzenlos. Debatten, Institute und Institutionen können seiner nicht habhaft werden, weil sich das Geheimnisvolle niemals wissenschaftlich-technisch aufarbeiten oder von Ordnungsfanatikern kontrollieren lässt, die in jeder Religion anzutreffen sind. Das Geheimnisvolle ist kein Stoff für Referate. Wie jeder fromme Traum hat auch diese Vision etwas Prophetisches an sich. Denn das Erleben von Verzauberung ist debattenuntauglich und für jede amtlich abgesicherte Religion zutiefst verstörend, es lässt sich nicht in Katechismen, einen Kanon oder Regularien eingliedern.

Es ist doch umgekehrt: Wenn sich die Kirchen nicht auf die Suche nach den religiös Sehnsüchtigen machen, dann sind, bleiben oder werden sie seelenlose Apparate, die nur noch damit beschäftigt sind, ihr Profil zu stärken, um im gesellschaftlichen Werte- und Verteilungskampf nicht unterzugehen. Was in wilder, frommer, freier Schönheit wächst, verzaubert nicht dank der Idee, Kirchensteuern zu sichern, Spenden zu sammeln oder Konzepte zur Gewinnung neuer Mitglieder zu erstellen. Die ökumenische Verzauberung überwindet spielend religiöse Grenzen immer dann, wenn man einander beisteht, tröstet – und wenn jemand liebt. So einfach und zugleich unfassbar-unaussprechbar ist es. Vielleicht ist ohnehin nur ein Echo solcher Verzauberung möglich. Deshalb sprechen die, die sich von einem Anhauch Gottes anwehen lassen, oft in Paradoxien und Bildern davon. Sie klingen nie fanatisch, erstellen kein Programm. Eher ist ihnen ein leiser Humor eigen, weil sie wissen: Eine Vision ist etwas Wunderbares und befreiend Anderes als ein theologisch oder sonst wie sorgsam austariertes und abgesichertes Zukunftskonzept, mit dessen Proklamation man im gesellschaftlichen Medienzirkus so viele Sendeminuten wie möglich ergattern will.

Ein köstliches Schaubild: Die transkonfessionelle Marzipantorte

Meditationsanleiter Eric Hahn lässt am Ende des Abends über eine Ökumene jenseits der Sprache nicht Worte stehen, sondern hat ein sinnliches Schaubild mitgebracht für das, was sich ohnehin kaum sagen lässt. Es handelt sich um eine Transkonfessionelle Schokoladen-Marzipan-Torte. An deren Rand sind die heiligen Bücher, Schriften, Kommentare oder Rechtstexte der Weltreligionen in Form von Strichen angedeutet. Auf dem Weg zur Tortenmitte begegnet man den Symbolen der Weltreligionen, nah am Mittelpunkt berühren die Symbole einander und öffnen sich. Der Mittelpunkt selbst ist mit einem leeren Kreis markiert: »Die Ökumene als Dialog reservieren wir für den Tortenrand, für jenen Bezirk, wo sich Konfessionen und Religionen unterscheiden, sie miteinander reden und ringen müssen, um miteinander auszukommen. Im inneren Bereich der Torte jedoch gibt es immer weniger Unterschiede, immer weniger Streit. Der größere Unterschied liegt also weniger zwischen den Religionen selbst als vielmehr zwischen dem äußeren und dem inneren Bereich. Denn jede Religion hat einen inneren Bereich, da kommen die Religionen gut miteinander aus, alle haben den äußeren Bereich, da gibt es Schwierigkeiten.« Entscheidend für religiöse Begegnungen aber ist der Mittelpunkt, in dessen Nähe man erleben kann, wie ein göttlicher Funke im Alltag zu glühen beginnt. Die Mitte lässt sich nach Eric Hahn in Anlehnung an ein Bild aus der christlichen Scholastik auch als Achse eines Rads betrachten, als unbeweglichen Beweger, der alles in Bewegung hält. »Die Mitte ist leer, aber alles wird von der Mitte bewegt – von der Leere.« Die Leere – auch sie ist nur ein Sprachversuch für Gott, der eine Fülle erfahren lassen kann, die viel zu groß, lustvoll und wunderbar ist, als dass sie sich an konfessionell vorgeschriebene Bahnen halten würde. Sie verzaubert und lässt feiern. »Die Torte können wir jetzt verspeisen, die ist nämlich auch essbar«, sagt Eric Hahn – und damit haben die Erklärungen ein Ende. Den Besuchern des mystischen Ökumeneabends entgleiten Laute des Staunens und der Freude, die in allen Religionen der Welt zu Hause sind. Jeder erhält ein Tortenstück, hat also Anteil am äußeren Kreis und auch am inneren Kreis, dazu spielen die Sufimusiker, es wird getanzt – auch geredet, doch nicht diskutiert. Es herrscht ein feierliches, unkontrollierbar verzauberndes Durcheinander. Eine Erfahrung wird geteilt, die ohne eifernden Ernst auskommt. Leichtigkeit ist im Spiel, die Debatten haben Schluss gemacht, da ist Marzipan, Melodie, Bewegung, Lachen – und grenzenlos ist die Sättigung im Augenblick.

»Diskussionen haben wir schon gelegentlich«

Anstelle eines Nachworts: Ein Gespräch mit Liselotte und Hans-Jochen Vogel über Ökumene in der Ehe

Bekannt geworden ist er als jüngster Oberbürgermeister einer europäischen Millionenstadt: Hans-Jochen Vogel wurde mit 34 Jahren 1960 in München zum Oberbürgermeister gewählt. Es folgten weitere Etappen, die den SPD-Politiker auch bundesweit populär machten: Bundesjustizminister unter Kanzler Helmut Schmidt, regierender Bürgermeister von Berlin und schließlich Kanzlerkandidat und Bundesvorsitzender der SPD. 1972 heiratete der Katholik Hans-Jochen Vogel die Protestantin Liselotte Sonnenholzner. Für beide ist es die zweite Ehe und eine ökumenische Beziehung. Liselotte und Hans-Jochen Vogel leben seit 2006 in einer Wohnung des Münchner Seniorenstifts Augustinum.

Frau Vogel, es gibt Klischees von Katholiken: Die sind besonders sinnenfreudig, die verstehen zu leben, einfach: die sind barock. Das sind jetzt nicht unbedingt die Attribute, die mir bei Hans-Jochen Vogel einfallen.

Liselotte Vogel: Mir auch nicht.

Gibt es denn irgendetwas an Ihrem Mann, das typisch katholisch ist?

Liselotte Vogel: Da ist nichts, was sich im Charakter oder im Verhalten ausdrückt. Aber eine längere Erfahrung

zeigt mir schon, dass die katholische Nabelschnur stärker ist als die evangelische – und das ist etwas Typisches und gar nicht zu sehr auf einen einzelnen Menschen bezogen.
Das fängt schon mal an mit dem Gebot, jeden Sonntag in die Kirche zu gehen. Das gibt es bei uns Evangelischen in dem Sinne nicht. Das nimmt mein Mann sehr ernst.

Geht er dann in die katholische oder auch mal in die evangelische Kirche?

Liselotte Vogel: Das ist bei uns geschwisterlich geteilt. Wir gehen einen Sonntag in die katholische und den nächsten Sonntag in die evangelische Kirche. Ganz gerecht aufgeteilt.

Es gibt diese Vorurteile auch bei Protestanten: Sie gelten als ehrgeizig, sind rigoroser im Leben. Gibt es denn eine typisch evangelische Eigenschaft, die Sie bei Ihrer Frau finden und um die Sie sie vielleicht beneiden?

Hans-Jochen Vogel: Also es gibt natürlich eine ganze Reihe von Eigenschaften, die ich respektiere, die ich bewundere, auch gelegentlich beneide. Aber zu ihrer Frage passt am ehesten die Feststellung einer gewissen Nüchternheit. Protestanten sind nach einem allgemeinen Urteil nüchterner in ihren Betrachtungen, in ihren Äußerungen. Und das gilt für meine Frau. Sie verbindet die Nüchternheit mit einer guten Neigung zur Selbstbestimmung. Das ist vielleicht in gewissem Sinne auch durchaus im protestantischen Bereich angesiedelt. Aber es gibt natürlich durchaus auch Katholiken, die selbstbestimmt arbeiten.

Ich nehme an, da würden Sie sich dazuzählen?

Hans-Jochen Vogel: Da würde ich mich schon dazuzählen.

Haben da jahrzehntelange Erfahrungen einer ökumenischen Ehe ein bisschen abgefärbt oder war es schon immer so bei den Vogels?

Hans-Jochen Vogel: Mein Vater war Protestant, die Mutter war Katholikin. Aber wenn man 1923 heiratet, dann musste von katholischer Seite erklärt werden, dass der evangelische Ehepartner sich hinsichtlich der Kindererziehung nicht einmischt, sondern dass die katholische Erziehung der Kinder dieser Ehe gewährleistet ist. Und so war das dann auch bei mir. Meine Mutter hatte da den maßgebenden Einfluss. Dazu gehört, dass ich in meiner Jugend Ministrant gewesen bin – übrigens noch im tridentinischen Messritus, mit den langen lateinischen Gebeten. Das eine oder andere hab ich sogar heute noch im Kopf.

Wie war das dann, als Sie beide 1972 geheiratet haben? Mussten Sie da auch so etwas unterschreiben, gab es da auch Auflagen?

Hans-Jochen Vogel: Die Zeit dieser Bestimmungen, die war vorbei. Im Übrigen müssen wir der Redlichkeit halber sagen, wir sind nicht kirchlich getraut, sondern standesamtlich.

Sie sprachen gerade von der religiösen Erziehung. Bei Ihren Kindern aus erster Ehe haben Sie sich nicht an katholische Auflagen gehalten und haben sie evangelisch erzogen. Eine ihrer Töchter ist evangelische Pastorin. War das für Sie persönlich klar, dass Sie die Erziehung Ihrer Kinder Ihrer damaligen Frau überlassen?

Hans-Jochen Vogel: Meine erste Ehe war auch eine konfessionsverschiedene Ehe. Da gab es die Verständigung, dass die Kinder im evangelischen Glauben aufwachsen. Diese erste Ehe ist 1950 von einem reformierten Pfarrer – damals übrigens noch in der alt-katholischen Kirche – geschlossen worden.

Frau Vogel, sind Sie denn schon einmal so richtig an der Kirche Ihres Mannes verzweifelt?

Liselotte Vogel: Nein, Sie haben gerade eben gehört, dass ich ein nüchterner Mensch bin, das Verzweifeln tritt bei mir nicht so rasch ein.

Aber das Zweifeln?

Liselotte Vogel: Ich zweifle nicht nur an der katholischen Kirche, ich zweifle auch an meiner Kirche, von Zeit zu Zeit. Fremd geblieben ist mir in der katholischen Kirche etwas, was uns ja auch sehr betrifft, nämlich das Verhalten gegenüber den wiederverheirateten Geschiedenen. Dass die katholische Kirche diesen Menschen die Eucharistie verweigert, das ist ein für mich nicht akzeptabler Zustand.

Gehen Sie in der katholischen Kirche zur Kommunion?

Liselotte Vogel: Nein, das tu ich nicht.

Hans-Jochen Vogel: Ich habe diese strenge Regel ziemlich lange beachtet, am Gottesdienst teilgenommen und mein Sitzenbleiben bei der Kommunion auch als eine Art – ja nicht Protest –, sondern Anwesenheitsbekundung verstanden. Dann hab ich sorgfältig das Papier der oberrheinischen Bischöfe aus dem Jahr 1993 gelesen. Die Verfasser der Erklärung waren die Bischöfe Karl Lehmann aus Mainz, Walter Kasper aus Stuttgart und Georg Saier aus Freiburg. Und wenn ich es richtig verstehe, hat man in dem Papier einen Gedanken wieder aufgegriffen, der schon in der Königsteiner Erklärung der deutschen Bischöfe zur Enzyklika *Humanae Vitae* (gegen künstliche Empfängnisverhütung) eine Rolle gespielt hatte: die Gewissensentscheidung. Dann habe ich mit dem zuständigen Gemeindepfarrer darüber gesprochen und habe gesagt, mein Gewissen würde es mir erlauben zu kommunizieren. Und er hat diese Gewissensentscheidung akzeptiert und deswegen gehe ich jetzt nicht alle 14 Tage, aber doch in gewissen Abständen zur Kommunion.

Sollte denn Ihre Haltung selbstverständlich werden für alle ökumenischen Ehepaare, die heute noch heiraten?

Hans-Jochen Vogel: Es ist einer der Beispielsfälle, dass zwischen der Realität in den Gemeinden und zwischen dem Stand der lehramtlichen Vorschrift ein gewisser zeitlicher Verzögerungsfaktor eine Rolle spielt, um mich vorsichtig auszudrücken. Ich bin zuversichtlich, dass dies im Laufe der Zeit eine Selbstverständlichkeit wird. Wenn wir schon diesen Punkt berühren, noch eine Bemerkung dazu: Papst Benedikt XVI., den ich schon als Bischof und Kardinal immer wieder getroffen und gesprochen habe, hat jetzt gesagt, er wolle eine Geste der Versöhnung und der Barmherzigkeit in Richtung der Pius-Brüder machen. Ich will mich mit diesem Komplex nicht im Einzelnen beschäftigen, aber mir geht durch den Kopf, ob nicht auch eine Geste der Versöhnung gegenüber den wiederverheirateten Geschiedenen unter Umständen am Platze wäre.

Und gegenüber den gemischtkonfessionellen Paaren, die es ja nicht leicht haben am Sonntag. Wie regeln Sie das?

Liselotte Vogel: In der katholischen Kirche geht mein Mann zur Kommunion. Ich gehe nicht, und zwar weniger meinetwegen, sondern weil ich das Gefühl hätte, das würde auch einen katholischen Pfarrer überfordern, eine evangelische Frau plötzlich vor sich stehen zu haben.

Bei mir verliefen die Dinge alle spiegelverkehrt zu meinem Mann. Ich bin aufgewachsen in einer Familie, in der der Vater Katholik und die Mutter Protestantin war, demzufolge bin ich evangelisch erzogen worden, weil man damals schon weitgehend das Gefühl hatte, Kinder sollten von der Mutter im Glauben der Mutter unterwiesen werden. Bei mir war das dann später in meiner ersten Ehe anders. Ich habe in der ersten Ehe katholisch geheiratet, weil mein damaliger Mann darauf bestanden hatte. Das war nicht einfach. Meine Großmutter ist deshalb nicht mit in die Kirche gegangen und ich habe mich verpflichtet, meine Kinder im katholischen Glauben zu erziehen. Also bei mir ist das alles genau gegenläufig. Wir haben uns sozusagen in der Mitte wieder getroffen.

Gab es denn Situationen für Sie, Frau Vogel, in denen Sie es bereut haben, dass Sie beide nicht in ein und derselben Kirche sind?

Liselotte Vogel: Bereut habe ich das nicht, aber als nicht so schön empfinde ich es, dass wir in meiner Kirche problemlos zusammen zum Abendmahl gehen könnten, dass das aber für meinen Mann immer noch ein anderer Schritt ist als für mich.

Stand es für Sie niemals zur Debatte, zu konvertieren?

Hans-Jochen Vogel: Nein. Da spielt auch meine Ahnenreihe eine Rolle, die ich zum Teil bis ins Allgäu, ins Unterfränkische oder über die Alpen nach Friaul zurückverfolgen kann. Das waren tief katholische Familien. Auch erlaube ich mir inzwischen das Urteil, dass es gerade auch in der Liturgie trotz aller Unterschiede ein hohes Maß an Übereinstimmung gibt. Und trotz allem, was jetzt neuerdings wieder kritisch gesagt wird, gibt es auch beachtliche Fortschritte in der Ökumene. In diesem Zusammenhang erzähle ich immer eine kleine Geschichte: Ich bin auf eine katholische Bekenntnisvolksschule gegangen, 1932 in Göttingen, und unsere Klassenlehrerin war eine freundliche, keinesfalls fanatische Frau, die auch für den Religionsunterricht zuständig war. Sie hat mit uns Kindern einmal darüber gesprochen, wer sicher im Himmel ist und wer sicher in der Hölle. Da hat sie gesagt: Im Himmel – das kann man nur bei den Heiligen bestimmt sagen. Bei der Hölle bleibt stets offen, ob die Menschen nicht in letzter Minute noch, wie sie es gesagt hat, »Reue und Leid erwecken«. Aber von einem wüssten wir genau, dass er in der tiefsten Hölle ist, und das sei Martin Luther. Wenn ich dann an das letzte Luther-Gedenkjahr denke und an die positiven Äußerungen von katholischer Seite aus diesem Anlass, dann liegt das nun Jahrhunderte weit zurück. Auch dass man sich über die Rechtfertigungslehre verständigt hat, ist ein ermutigendes Zeichen. Dass dann wieder Äußerungen kommen, dass die Evangelischen nur eine Teilkirche oder nur eine kirchliche Gemeinschaft sind – das ist für mich mehr ein vokabularmäßiger Störfaktor, als dass es den ökumenischen Prozess zurückwirft.

Herr Vogel, Sie haben einmal gesagt, das »Katholisch-Sein« gehöre mütterlicherseits zur »Vogel DNA« dazu. Was würden Sie denn unter dem Begriff »gut katholisch« verbuchen?

Hans-Jochen Vogel: Gut ist der, der erstens eine feste Orientierung aufgrund seines katholischen Glaubens hat und der dann auch die Lehren insbesondere des Evangeliums für sein eigenes Verhalten ernst nimmt. Der zum Beispiel die katholische Soziallehre als Orientierung nimmt. Wenn man dann auch noch gewisse bayerische Traditionen im Auge behält, Altötting zum Beispiel, dann gehört das auch mit zu den Dingen, die ich auf diese Frage hin erwähnen würde.

Frau Vogel, was ist für Sie gut evangelisch, gut protestantisch?

Liselotte Vogel: Vielleicht ein gewisses Maß an Deutlichkeit in den Aussagen. Bei uns Evangelischen spielt das Wort eine sehr viel größere Rolle. Wobei ich sagen muss, dass ich im Lauf der Jahrzehnte eine gewisse Neigung für die Marienverehrung entwickelt habe. Das fehlt in unserem Glauben: Wir haben kein weibliches Element und auch nichts, was das Gemüt unmittelbar anspricht. Es läuft bei uns Protestanten eigentlich sehr häufig über den Verstand. Aber gut evangelisch, das ist ein Mensch, der sich bemüht – wie es bei Matthäus Kapitel 25 steht: »Was ihr dem geringsten meiner Brüder getan habt, das habt ihr mir getan«. Das ist für mich eine Stelle, die ziemlich genau umreißt, was ich unter Glauben verstehe.

Noch einmal zum Thema Marienverehrung. Man muss also auch eine gemischt-konfessionelle Ehe, so wie Sie sie führen, nicht immer nur unter Defizit-Gesichtspunkten betrachten. Man kann sich durchaus gegenseitig bereichern.

Liselotte Vogel: Ja freilich.

Hans-Jochen Vogel: Mich hat zum Beispiel bereichert, dass ich mich mit Paul Gerhardt sehr gründlich beschäftigt habe und eine ganze Reihe von Paul-Gerhard-Liedern von der ersten bis zur letzten Strophe notfalls auswendig rekapitulieren könnte.

Im Allgemeinen herrscht das Vorurteil: Eine ökumenische Ehe? – Das muss ganz schön anstrengend sein im Alltag. Da gibt es Streit, da gibt es Missverständnisse.

Liselotte Vogel: Also Diskussionen haben wir schon gelegentlich über bestimmte Knackpunkte, wie zum Beispiel die wiederverheiratet Geschiedenen. Da ist meine evangelische Nüchternheit schon ein bisschen störend, um das voll zu begreifen, was das bedeuten kann, wenn ich nicht zur Kommunion gehen darf.

Finden Sie es anstrengend, Ökumene im Alltag zu leben?

Hans-Jochen Vogel: Nein. Wir haben da im Grunde keine Probleme gehabt. Das hängt auch mit der Bereitschaft zur gegenseitigen Toleranz zusammen, nicht im Sinne von Gleichgültigkeit, sondern dass man die Auffassung des anderen respektiert und vielleicht selber dann auch einmal nachdenkt darüber. Nicht Beliebigkeit, aber Toleranz.

Glauben Sie, Frau Vogel, dass das Thema Ökumene in jüngeren Generationen, beispielsweise in der Generation Ihrer Enkel, dass es da noch den Stellenwert hat, den es für Sie beide hat?

Liselotte Vogel: Das hat zwei Aspekte: Den einen, da würde ich Ihnen zustimmen, ich glaube nicht, dass es bei der jüngeren Generation überhaupt einen Stellenwert hat. Und zwar aus einem negativen Grund, weil sich die jungen Leute einfach für Kirchliches in dem Sinn nicht mehr so interessieren. Es gibt allerdings auch andere Beispiele. Das geht in die Familie meines Mannes, wo sich ein Teil der jungen Leute mit der Pius-Bruderschaft identifiziert und auch Partner geheiratet hat, die dieselbe Richtung vertreten. Da gibt es – glaube ich – beides. Ich nehme jedoch stark an, dass die überwiegende Mehrzahl der jungen Leute kein Riesenproblem mehr in der Ökumene sieht.

Wir haben im Mai 2010 den zweiten Ökumenischen Kirchentag in München. Werden Sie da hingehen?

Hans-Jochen Vogel: Ja, selbstverständlich. Ich habe an Kirchentagen gerne teilgenommen, sowohl an katholischen als auch an evangelischen, und ein ökumenischer Kirchentag, es ist ja der zweite nach Berlin, ist wirklich etwas Besonderes. Da gehen wir beide hin, hören zu und nehmen vielleicht auch an Gesprächen teil, die dort stattfinden.

Glauben Sie, dass der Ökumenische Kirchentag etwas bewirken, etwas verändern kann?

Hans-Jochen Vogel: Ich glaube, der erste hat doch erhebliche Aufmerksamkeit gefunden und das nehme ich auch für den zweiten Ökumenischen Kirchentag an. Ob er etwas bewegen kann, ob sich dadurch unmittelbar etwas verändert, das bleibt abzuwarten. Dass er stattfindet, ist allein für die Ökumene schon bedeutsam.

Frau Vogel, was erwarten Sie sich von Ökumenischen Kirchentagen, vielleicht auch im Hinblick auf junge Menschen, die mit dem Thema Ökumene heute gar nicht mehr so viel zu tun haben? Kann da was bewirkt werden?

Liselotte Vogel: Wenn sie denn hingehen, dann kann es unter Umständen schon etwas bewirken. Aber meistens gehen zu Kirchentagen nur junge Leute hin, die schon eine Prägung in der einen oder anderen Richtung haben. Aber ich denke, dass es keine Jugendlichen sind, die erwarten, dass ihre Kirche dann besonders punktet und dominierend bleibt.

Und auch diese konfessionellen Unterschiede, die Klischees, die am Anfang genannt wurden, die existieren heute nicht mehr in dieser Form.

Liselotte Vogel: Ja, Gott sei Dank!

Da hängt also niemand mehr am Karfreitag die Bettdecken raus, katholischerseits?

Hans-Jochen Vogel: Die Dinge haben etwas an Bedeutung verloren aus zwei Gründen: Einmal, weil man einfach zur Kenntnis nehmen und als Realität aussprechen muss, dass das kirchliche Engagement insgesamt eher nachgelassen hat. Und zum anderen, weil die Ökumene doch Fortschritte gemacht hat. Und gerade jüngere Menschen manches für selbstverständlich halten, was leider noch nicht selbstverständlich ist.

Das Gespräch führten Karin Wendlinger und Tilmann Kleinjung

Quellennachweis

S. 54: Dietrich Bonhoeffer: Vortrag »Kirche und Völkerwelt«, in Dietrich Bonhoeffer Werke (DBW), Band 13, hrsg. von Eberhard Bethge, Ernst Feil, Christian Gremmels, Wolfgang Huber, Hans Pfeifer, Albrecht Schönherr, Heinz Eduard Tödt, Chr. Kaiser Verlag München 1992, Seite 128 ff. © 2010 by Gütersloher Verlagshaus, Gütersloh, in der Verlagsgruppe Random House GmbH, München

S. 157: »Christen seht euch um und staunt ...« aus dem »Lied von der Einheit«, Text: Dieter Trautwein, Musik: Peter Janssens, aus: Leben wird es geben, 1975. Alle Rechte im Peter Janssens Musik Verlag, Telgte-Westfalen

S. 176: »Brich mit den Hungrigen dein Brot ...«, Text: Friedrich Karl Barth, Musik Peter Janssens, aus: Unkraut leben, 1977. Alle Rechte im Peter Janssens Musik Verlag, Telgte-Westfalen